国家中等职业教育改革发展示范学校建设项目成果
国家中等职业教育改革发展示范学校建设系列教材

汽车悬架、转向与制动系统维修

QICHE XUANJIA、ZHUANXIANG YU
ZHIDONG XITONG WEIXIU

陈传建　雍朝康　杨二杰◎主编

西南交通大学出版社
·成都·

图书在版编目（CIP）数据

汽车悬架、转向与制动系统维修/陈传建，雍朝康，杨二杰主编. —成都：西南交通大学出版社，2014.3
（2018.3 重印）
国家中等职业教育改革发展示范学校建设系列教材
ISBN 978-7-5643-2940-2

Ⅰ. ①汽… Ⅱ. ①陈… ②雍… ③杨… Ⅲ. ①汽车 – 车悬架 – 车辆修理 – 中等专业学校 – 教材②汽车 – 转向装置 – 车辆修理 – 中等专业学校 – 教材③汽车 – 制动装置 – 车辆修理 – 中等专业学校 – 教材 Ⅳ. ①U472.41

中国版本图书馆 CIP 数据核字（2014）第 035799 号

国家中等职业教育改革发展示范学校建设系列教材

汽车悬架、转向与制动系统维修

主编　陈传建　雍朝康　杨二杰

责 任 编 辑	李芳芳
特 邀 编 辑	田力智
封 面 设 计	墨创文化
	西南交通大学出版社
出 版 发 行	（四川省成都市二环路北一段 111 号 西南交通大学创新大厦 21 楼）
发 行 部 电 话	028-87600564　028-87600533
邮 政 编 码	610031
网　　　　址	http://www.xnjdcbs.com
印　　　　刷	成都市书林印刷厂
成 品 尺 寸	185 mm × 260 mm
印　　　　张	11.75
字　　　　数	290 千字
版　　　　次	2014 年 3 月第 1 版
印　　　　次	2018 年 3 月第 2 次
书　　　　号	ISBN 978-7-5643-2940-2
定　　　　价	27.00 元

四川交通运输职业学校
国家中等职业教育改革发展示范学校建设
系列教材编写委员会

总　序

　　中等职业教育是我国教育体系的重要组织部分，是全面提高国民素质、增强民族产业发展实力、提升国家核心竞争力、构建和谐社会以及建设人力资源强国的基础性工程。为大力推进中等职业教育改革创新，全面提高办学质量，2010—2013 年，国家组织实施中等职业教育改革发展示范学校建设计划，中央财政重点支持 1 000 所中等职业学校改革创新，我校是第二批示范校建设单位之一。在近两年的示范建设过程中，我们与西南交通大学出版社合作开发了 28 本示范建设教材，且有 17 本即将公开出版，这是我校示范校建设取得的重要成果，也是弘扬学校特色和品牌的很好载体。

　　呈现在大家面前的这套系列教材，反映了我校近年教学科研工作的阶段性成果。从课程来源看，不仅有学校 4 个重点建设专业（道路与桥梁工程施工专业、汽车运用与维修专业、物流服务与管理专业、工程机械运用与维修专业）的课程，也有公共基础课程；从教材形态看，又可以分为两类：一是以知识性内容为主、兼顾实践性活动、培养学生综合素质的理实一体化教材；二是以学生实践为主的实训操作手册。教材的编写过程倾注了编者大量的心血，融入了作者独到的见解和心得，更是各专业科室集体智慧的结晶。

　　这套教材的开发，在学生学习状态分析的基础上，根据技能型人才培养的实际需要，积极实现职业岗位与专业教学的有机结合。这 17 本教材比较准确地把握了专业课程的特征，具备了一定的理论水平，突出了实践性、活动性，符合新课程理念，对我校课程建设将会产生深远的影响，对学生全面健康成长也会产生积极的作用，对创新中职学校人才培养模式与课程体系改革将起到引领和示范作用。

　　在内容上，这套教材有如下特点：一是对于基础知识教学以"必需、够用"为度，以讲清概念、强化应用为教学重点。二是根据职业岗位需求，基于工作过程为线索来组织写作思路。三是方法具体，基本技能可操作性强。四是表达简洁，图文并茂，形式生动活泼，学生易于理解、掌握和实践。

　　由于时间紧迫，编者理论和实践能力水平有限，书中难免存在一些不足和缺点，需要进一步修改、完善和充实。我们希望老师和同学们提出宝贵意见，希望读者和专家给予帮助指导，使之日臻完善！

四川交通运输职业学校

国家中等职业教育改革发展示范学校建设

系列教材编写委员会

2014 年 2 月

前　言

　　为深入贯彻《国家中长期教育改革和发展规划纲要（2010—2020 年）》关于加快教育改革进程的精神，根据教育部关于全面推进素质教育，深化中等职业教育教学改革的意见中提出的"中等职业教育要全面贯彻党的教育方针，转变教育思想，树立以全面素质为基础、以能力为本位的新观念，培养与社会主义现代化建设要求相适应，德智体美劳全面发展，具有综合职业能力，在生产、服务、技术和管理第一线工作的高素质劳动者和中初级专门人才"要求，加快落实我校"国家中等职业教育改革发展示范校建设项目"，我们通过大量专业调查研究，请汽车运用与维修行业专家共同分析论证，对汽车运用与维修专业所涵盖的岗位进行了职业能力和工作任务分析，形成了汽车运用与维修专业较为标准的课程体系，于 2013 年 7 月，编辑了《汽车运用与维修专业主干专业教学标准与课程标准》。为更好地执行这两个标准，为我校提供适应新的教学要求的教材，我校教学指导委员会于 2013 年 9 月组织了汽车运用与维修专业系列教材的编写。

　　本系列教材涵盖了汽车维修、汽车钣金与涂装、汽车装饰与美容、汽车商务等 4 个专业的专业基础课和专业核心课程，主要有"汽车电气设备构造与维修"、"汽车发动机机械维修"、"汽车专机结构与拆装"、"汽车电控发动机故障诊断与检测"、"汽车传动系统构造与维修"、"汽车悬架、转向与制动系统维修"、"汽车自动变速器构造与维修"、"汽车底盘结构拆装"课程的教材。这些教材可供交通运输类中等职业学校汽车运用与维修专业教学使用，也可作为专业维修企业的基础培训教材。

　　本系列教材体现了以工作（学习）任务为主线，以技能培养为核心，以"必需、够用"为原则，紧密联系生产、教学实际，加强技能培养，实现专业技能逐步提高的教学理念，具有以下特点：

　　（1）教材采用学习任务的形式编写，以汽车专业维修企业的典型工作任务为依据进行课程设计，通过任务（情境）描述、学习目标、学习内容、任务准备、任务实施、操作过程、评价反馈等模块，形成了专业知识和技能的内容。

　　（2）教材体现了中等职业教育的特点，注重知识的适用性、实践性和全面性，在知识和技能方面也形成了渐进性和系统性。

　　（3）教材反映了汽车工业的新知识、新技术、新工艺和新标准，同时顾及新设备、新材料和新方法的应用，特别注意与现场实际设备相结合，利于学生掌握知识和技能。

　　（4）教材文字简洁，通俗易懂，图文并茂，有利于提高学生的学习兴趣和取得较好的学习效果。

　　"汽车悬架、转向与制动系统维修"是我校汽车运用与维修专业的核心课程，全书由 8

个学习任务组成，分别介绍了汽车悬架检修、车轮检修、车轮定位、液压动力转向检修、盘式制动器检修、鼓式制动器检修、真空助力及制动液压装置检修、悬架转向制动系统电控装置检修。

　　本书由陈传建、雍朝康、杨二杰共同编写，具体分工如下：学习任务一、学习任务四至六由陈传建编写；学习任务二和学习任务三由杨二杰编写；学习任务七和学习任务八由雍朝康编写。全书由刘新江担任主审。本书在编写过程中，还得到了许多老师的大力支持，在此表示感谢。

　　由于编者水平所限，教材内容难以覆盖全国各地的实际情况，书中也难免有不当之处，恳请读者提出批评意见，以便再版时进行修订改正。

编　者

2014 年 2 月

目　录

学习任务一 悬架拆装及检修

任务描述

一辆卡罗拉汽车行驶在坏路上时，车辆抖动厉害。报修后，维修人员检查发现前减震器有液体渗漏，请对前减震器进行检查，如有必要进行修理或更换。

学习目标

通过本学习任务的学习，应当能：

1. 知道悬架的功用和组成；
2. 明确麦弗逊悬架的结构及工作原理；
3. 知道减震器的类型、结构和工作原理；
4. 进行减震器和前螺旋弹簧的拆装；
5. 完成带弹簧的麦弗逊悬架总成的基本检查项目；
6. 规范拆检组装麦弗逊悬架弹簧总成。

建议学时

10 学时。

学习内容

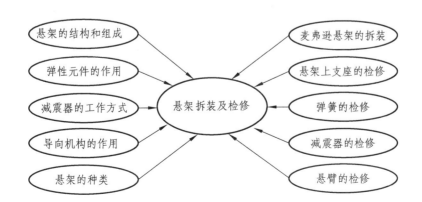

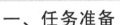
一、任务准备

引导问题 1：什么是悬架？悬架都包括哪些部分？

汽车是由车轮驱动的，车轮固定在车桥上，当发动机的动力传递到车轮时，车轮带动与它固定在一起的车桥运动，再由车桥带动车身或车架向前运动。但是车身（车架）与车桥并不是刚性地固定在一起的，车桥与车身之间是通过一系列装置连接起来的。这些所有布置在车桥和车身之间的一切连接装置就组成了悬架。如图 1.1 所示，从结构上看，通常可以把悬架分为三个部分：① 弹性元件；② 减震器；③ 导向装置。

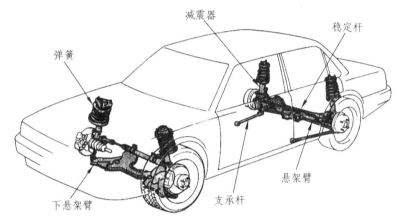

图 1.1　汽车悬架

引导问题 2：悬架都有哪些功能和作用？

悬架连接车身和车轮，其性能和品质的好坏直接影响操纵稳定性、平顺性和行驶安全性。悬架具有以下功能：

（1）缓冲减震：对在不平路面行驶，所造成的汽车行驶中的各种冲击、震动、摇摆等，与轮胎一起，予以吸收和缓解，从而保障乘员和物品的安全，并提高驾驶性能。

（2）传力：将路面与车轮之间由摩擦所产生的驱动力和制动力，传输到底盘和车身。

（3）支承导向：支撑车桥上的车身，并使车身与车轮之间保持适当的几何关系。

具体而言，悬架各组成部分的作用如下：

（1）弹性元件的作用是承受和传递垂直载荷，缓冲并抑制不平路面所引起的冲击。

（2）减震器用以加快震动的衰减，使车身和车轮的震动得以控制。

（3）导向装置是用来传递纵向力、侧向力及其力矩，并保证车轮有正确的运动关系。

注：横向稳定装置是一种辅助弹性元件，以防止车身在不平路面上行驶或转向时发生过大的横向倾斜。

引导问题 3：有哪些类型的悬架？每种悬架有何特点？

如图 1.2 所示，悬架按照其结构不同，可以分为两种形式：

① 非独立悬架（亦称整体悬架）；

② 独立悬架。

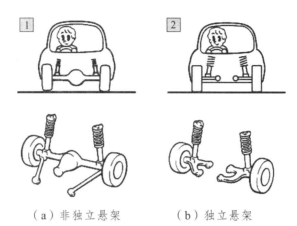

（a）非独立悬架　　　　（b）独立悬架

图 1.2　独立悬架与非独立悬架

1. 非独立悬架的特点

如图 1.3 所示，非独立悬架两个车轮连接到一个车桥上，车桥通过弹簧固定到车身上。由于两个轮子和车桥在垂直方向上的运动步调一致，因此轮子的运动相互影响。这种悬架形式具有结构简单、可靠的特点。

（1）车轮安装在一根整体式车桥两端，车桥通过弹性元件与车架相连。当一侧车轮跳动时，要影响另一侧车轮的运动。

（2）组成悬架的构件少，结构简单，坚固耐用，便于维修。

（3）车轮定位几乎不因其跳动而改变，所以轮胎磨损少。

（4）转向时车身倾斜程度小。

（5）由于左右车轮的运动互相影响，很容易产生颤动和摇摆现象。

（6）舒适性有限，乘坐欠舒适。

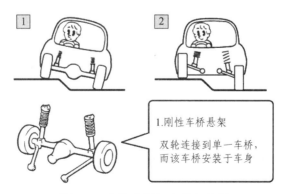

1.刚性车桥悬架

双轮连接到单一车桥，而该车桥安装于车身

图 1.3　非独立悬架车轮与车桥

由于非独立悬架的上述特点，使它广泛地应用在卡车和部分大中型客车的前、后悬架，也在一些越野车上得到应用，在轿车和皮卡上，非独立悬架仅用于后桥。

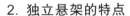
2. 独立悬架的特点

如图 1.4 所示，独立悬架每个车轮都有单独的臂支撑，支撑臂通过弹簧安装在车身上。这种悬架形式能有效地减震并提供极舒适的驾驶，因为它的每个轮子相对于其他轮子都做独立的上下运动。

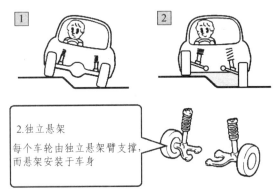

图 1.4　独立悬架车轮与车桥

独立悬架的特点：

（1）在悬架弹性元件一定的变形范围内，两侧车轮可以单独运动，互不影响，不但减小了行驶时车架和车身的震动，而且可以防止转向轮的偏摆。

（2）独立悬架系统一般都配备稳定杆，可改善转向时的左右摇晃，改进转向稳定性。

（3）汽车的非悬挂重量小。采用独立悬架时，非挂架重量只包括车轮质量和悬架系统中部分零件的质量，所以比非独立悬架的非悬挂重量要小得多，因此，采用独立悬架，可提高汽车的平顺性和乘坐舒适性。

（4）轮距和车轮定位随车轮上下运动而改变。

（5）由于左右车轮之间没有车轴相连，所以地板和发动机的安装位置可以降低，这样可降低车辆的重心，有利于提供汽车行驶的稳定性。

引导问题 4：非独立悬架有哪些种类？

非独立悬架有并联钢板弹簧型（前后悬架均可使用）、前置定位臂型（适于后悬架）、后置定位臂型（适于前悬架）、四连杆型（常作后悬架）、扭矩梁式等。

1. 扭矩梁式

如图 1.5 所示，扭矩梁式包括连接横梁的左右拖臂。它与联式悬架相似，弹簧只受垂直方向的力。它具有结构简单和驾驶舒适的特点。这种形式的悬架应用在轻型 FF（前置发动机/前轮驱动）车的后悬架上。

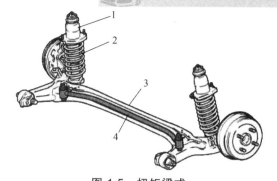

图 1.5　扭矩梁式

1—减震器；2—螺旋弹簧；3—横梁；4—拖臂

2. 四连杆式

如图 1.6 所示，四连杆式的上下控制臂从车桥的每端纵向安装在车身上，而另一个臂从车桥端横向装在车身上。这些臂承受作用在车桥上的纵向力和横向力，而使弹簧只承受垂直方向的力。虽然这种悬架形式比板簧式驾驶舒适，但它的结构稍微复杂些。它应用于单厢式车、SUV（多功能运动车）车、FR 车和 4WD 车上。

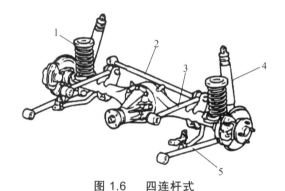

图 1.6　四连杆式

1—螺旋弹簧；2—横操纵杆；3—上控制臂；4—减震器；5—下控制臂

3. 板簧式

如图 1.7 所示，连接两个车轮的车桥两端都带有板簧。板簧片与片之间是平行的，它纵向装在车身上。作用在车桥上的力通过弹簧而传给车身。这种形式由于其结构简单和坚固，故主要用在有篷货车和卡车的后悬架上。

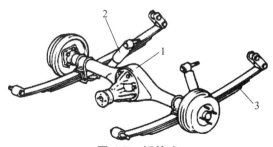

图 1.7　板簧式

1—后车桥壳；2—减震器；3—板簧

引导问题 5：独立悬架有哪些种类？

独立悬架每个车轮都有单独的臂支撑，支撑臂通过弹簧安装在车身上。这种悬架形式能有效地减震并提供极舒适的驾驶，因为它的每个轮子相对于其他轮子都做独立的上下运动。常见的独立悬架有麦弗逊式、双叉式、半拖臂式等。

1. 麦弗逊式悬架

如图 1.8 所示，这是一种没有上臂的悬架形式，这样就导致它的结构比双叉式简单。由于有较少的零部件，因此较易保养。它主要用在 FF 车辆的前悬架上。

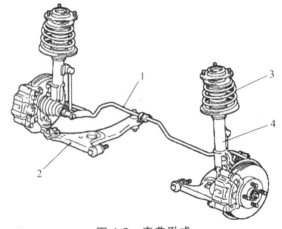

图 1.8　麦弗逊式

1—稳定杆；2—下臂；3—螺旋弹簧；4—减震器

2. 双叉式

如图 1.9 所示，双叉式包括支撑车轮和转向节的上下臂，转向节将臂连接起来。悬架臂承受纵向和横向的力，进而使弹簧只承受垂直负荷。尽管这种结构由于包括很多零件而变得复杂，但由于其刚性好而能稳固地支撑车轮。由于这种悬架设计比较自由，故能提供稳定而舒适的驾驶。它广泛用于 FR（前置发动机后轮驱动）车辆。

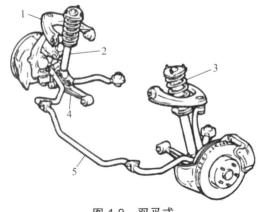

图 1.9　双叉式

1—上臂；2—减震器；3—螺旋弹簧；4—下臂；5—稳定杆

3. 半拖臂式

如图 1.10 所示,后悬架臂以规定的角度装在后悬架部件上,以便承受较大的侧向力。这种设计提供的效果就像使臂变得更刚性一样。它用在某些 FR(前置发动机后轮驱动)车辆后悬架上。

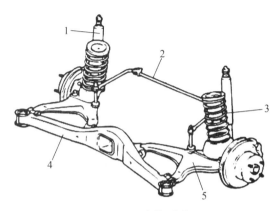

图 1.10　半拖臂式

1—减震器;2—稳定杆;3—螺旋弹簧;4—后悬架部件;5—后悬架臂

引导问题 6:弹性元件是如何工作的? 有哪些种类? 它们为什么需要减震器?

1. 弹簧振荡

如图 1.11 所示,当车轮遇到凸起物时,汽车弹簧将被迅速压缩,之后立即回弹,使车身向上。但由于弹簧在压缩过程中储存了能量,在回弹时必然超过其正常长度;同理,当车身再次向下压缩时,弹簧也将压至低于其正常长度。于是弹簧反复作用,这个过程称为弹簧振荡。弹簧振荡会重复多次,直至弹簧恢复原有长度。

弹簧伸长、缩短时车身也会上下运动,如果对这种上下运动不加以控制,不仅会影响乘坐的舒适性,而且会影响操纵的稳定性。为了防止这种情况的发生,车辆就需要装备减震器。

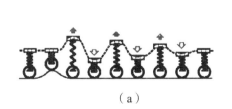

（a）　　　　　　　　　　　　　　　（b）

图 1.11　弹簧振荡

2. 弹簧的类型

汽车悬架使用的弹簧可以分为金属弹簧和非金属弹簧。

（1）常见的金属弹簧有：

① 钢板弹簧；

② 螺旋弹簧；

③ 扭杆弹簧。

（2）常见的非金属弹簧有：

① 橡胶弹簧；

② 空气弹簧。

3. 钢板弹簧

如图 1.12 所示，钢板弹簧由一组弯曲的弹簧钢片从短至长依次叠放而成，这些重叠钢板在中心点用一枚中心螺栓或铆钉固定在一起。此外，为了防止钢板滑出原位，还用夹箍在几个地方将其固定。将最长的一片钢板（主钢板）的两端弯成弹簧卷耳，用于将弹簧装在车架或构件上。一般来说，钢板弹簧越长就越软，此外，钢板弹簧中钢板的数目越多，其承重能力越强，但从另一个角度来看，弹簧变硬会有损乘坐舒适性。

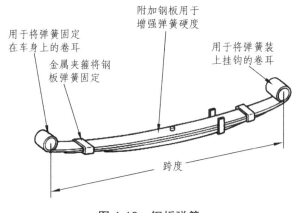

图 1.12　钢板弹簧

钢板弹簧的特点：

（1）钢板弹簧有足够的刚度使车桥定位，所以不需要专门的导向装置与之配合。即钢板弹簧既是弹性元件，又是导向装置。

（2）由于钢板之间有板片间摩擦，弹簧振荡可以快速消减。

（3）适于重载，经久耐用。

（4）也是由于板片间摩擦，使得它很难吸收来自路面的微小震动，所以钢板弹簧一般用于大中型营运车辆和其他要求弹簧坚固耐用的车辆。

4. 螺旋弹簧

如图 1.13 所示，螺旋弹簧由特殊的弹簧钢杆卷成螺旋状而形成。在螺旋弹簧上施加载荷时，随着弹簧的收缩，整条钢杆扭曲，这样就储存了能量，缓冲了震动冲击。

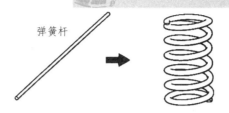

弹簧杆

图 1.13　螺旋弹簧

螺旋弹簧本身没有减震作用，并且只能承受垂直载荷，所以螺旋弹簧悬架中必须另装减震器和导向机构，以传递垂直力以外的各种力和力矩。

螺旋弹簧可以做成圆柱形或圆锥形，也可以做成等螺距或不等螺距。圆柱形或等螺距螺旋弹簧的刚度不变，圆锥形或不等螺距螺旋弹簧的刚度是可变的。变刚度螺旋弹簧可以实现轻载时弹簧两端收缩，吸收路面震动，重载时，弹簧中间部分有足够的硬度来承受重载。变刚度弹簧常见的形式有变直径钢杆弹簧、非等节距弹簧和锥形弹簧，如图 1.14、图 1.15 所示。

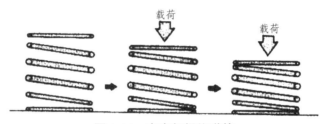

载荷　载荷

图 1.14　变直径螺旋弹簧

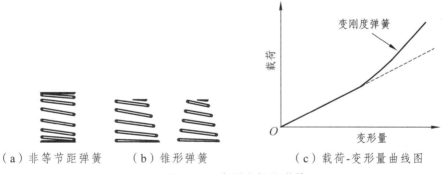

（a）非等节距弹簧　　（b）锥形弹簧　　（c）载荷-变形量曲线图

图 1.15　变刚度螺旋弹簧

螺旋弹簧的特点：

（1）与钢板弹簧相比，单位重量的能量吸收率较大。

（2）可以制成软弹簧。

（3）由于没有类似于钢板弹簧的板片间摩擦，弹簧本身不能控制振荡，所以必须要和减震器一起使用。

（4）由于螺旋弹簧不具有抗横向力的能力，所以需要与导向装置（悬架臂、控制杠杆等）一起协同作用，支撑车桥。

螺旋弹簧在汽车上应用广泛，既可用在独立悬架上，也可用在非独立悬架上；既可用在前悬架，也可用在后悬架。与钢板弹簧相比，螺旋弹簧具有无须润滑、防污能力强、质量小、单位重量吸收率较高等优点。

5. 扭杆弹簧

扭杆弹簧通常简称为扭杆，是用自身的扭转弹性抵抗扭曲力的弹簧钢杆。扭杆的一端固定在车架或车身其他构件上，另一端连在受扭力载荷的部件上，如图 1.16、图 1.17 所示。

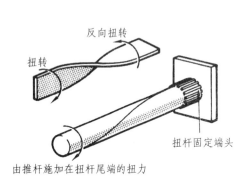

图 1.16　扭杆弹簧

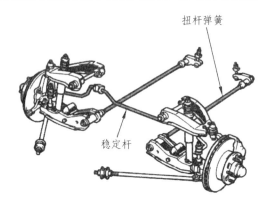

图 1.17　扭杆弹簧在车上的使用

扭杆也适用于制造稳定杆。

扭杆弹簧的特点：

（1）与其他弹簧相比，单位重量的能量吸收率较高，可以有效减轻悬架的重量。

（2）在垂直方向上尺寸非常紧凑，适合垂直高度上空间受限的车辆；

（3）与螺旋弹簧一样，扭杆弹簧也不能控制振荡，必须要与减震器配合使用。

注意： 由于扭杆弹簧在制造时使之具有一定的预应力，且左、右扭杆弹簧预应力方向是不同的，所以左、右扭杆弹簧不能互换或装错。为此，左、右扭杆上标有不同的标记。

6. 橡胶弹簧

当橡胶由于外力作用而变形时，其内部便产生摩擦，吸收振动，缓冲冲击。

橡胶弹簧在车上主要用作辅助弹簧，或用作悬架部件的衬套、垫片、垫块、挡块及其他支承件，如图 1.18 所示。

橡胶弹簧不适于支承重载荷。

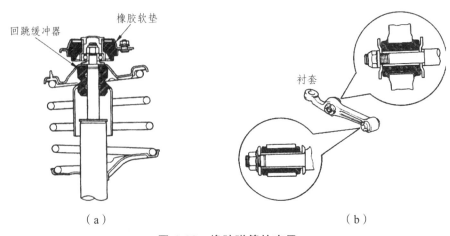

（a）　　　　　　　　　　　　　　　　（b）

图 1.18　橡胶弹簧的应用

7. 空气弹簧

如图 1.19 所示，空气弹簧的原理是：当空气被压缩时，就会产生弹力，或称"弹性"。空气弹簧的优点如下：

（1）当车辆无载荷时，空气弹簧很软。但是，当气室内的空气压力增大，从而使载荷增加时，其弹性系数也随之增大。所以，不论是满载还是轻载，都可以提供最佳的乘坐舒适性。

（2）即使通过调节空气压力，使载荷改变，车辆高度也可以保持不变。

但是，在使用空气弹簧的悬架中，需要使用控制空气压力的装置和压缩空气的压缩机等设备，悬架系统很复杂，如图 1.20 所示。

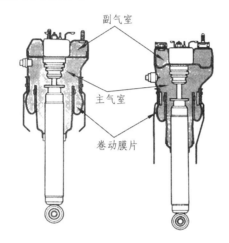

（a）前气压缸　　　（b）后气压缸

图 1.19　空气弹簧

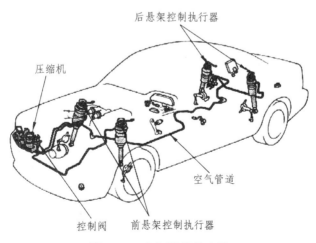

图 1.20　空气弹簧的应用

引导问题 7：减震器是如何工作的？有哪些种类？

如图 1.21 所示，汽车受到路面的震动时，依靠弹簧的压缩和伸展来吸收这些震动。但由于弹簧具有持续振荡的特点，因而其振荡需要很长时间才能停止。所以，如果不装置一些设备来缓冲这种振荡，乘坐就会不舒适。缓冲振荡的工作是由减震器来完成的。减震器不仅吸收弹簧的过分振荡，以提高舒适性，而且还提高轮胎的方向稳定性以及转向稳定性。

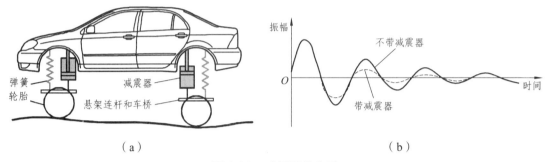

（a）　　　　　　　　　　　　　　　　（b）

图 1.21　减震器的作用

1. 减震器的工作原理

如图 1.22 所示，在汽车中使用的是伸缩筒式减震器。在这类减震器中，活塞的运动将液体压过一个量孔（小孔），形成流动阻力，这样产生了减震力。流动阻力越大，减震力越强，对车身的阻尼作用就越迅速。但减震力增强时，减震作用所造成的震动也随之增强。同时液体流动阻力的大小也随活塞的速度而改变。

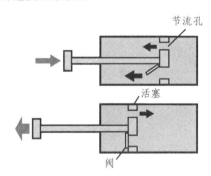

图 1.22　液压减震器的基本原理

（1）油液流动产生的阻力消耗冲击震动的能量。当车身与车桥做往复相对运动时，减震器内的油液反复地从一个腔室通过一些窄小的孔隙流入另一个腔室。孔隙与油液间的摩擦以及油液分子间的内摩擦便形成了对车架振动的阻尼力，从而使车架、车身的震动能量转化为热能，并被油液和减震器壳体所吸收，然后散放到大气中。阻尼力的大小随着车身与车桥相对运动速度的增减而增减，并且与油液黏度、孔道的多少及孔道截面积等因素有关。

（2）对减震器的要求。

减震器的阻尼力愈大，震动消除得愈快，但却使并联的弹性元件的作用不能充分发挥，同时，过大的阻尼力还可能导致减震器连接零件及车架损坏。为解决弹性元件与减震器之间的这一矛盾，对减震器提出如下要求：

① 在悬架压缩行程（车桥与车架相互移近的行程）内，减震器阻尼力应较小，以便充分利用弹性元件的弹性，以缓和冲击。

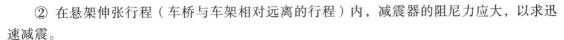

② 在悬架伸张行程（车桥与车架相对远离的行程）内，减震器的阻尼力应大，以求迅速减震。

③ 当车桥（或车轮）与车架的相对速度过大时，减震器应当能自动加大液流通道截面积，使阻尼力始终保持在一定限度之内，以避免承受过大的冲击载荷。

2. 减震器的类型

汽车悬架广泛采用液力减震器，原理是利用液体流动的阻力来消耗震动的能量。减震器按起作用的方式分为两种：一种是在压缩和伸张两行程内均能起减震作用的减震器，称为双向作用式减震器；另一种是仅在伸张行程内起作用的减震器，称为单向作用式减震器。目前汽车上广泛采用双向作用筒式减震器。其工作过程如下：

（1）压缩行程。

如图 1.23（a）所示，当车桥移近车架（或车身）时，减震器受压缩，活塞下移，使其下方腔室容积减小，油压升高，具有一定压力的油液顶开流通阀进入活塞上方腔室。由于活塞杆占去上腔室的部分容积，使上腔室增加的容积小于下腔室减小的容积，因此还有一部分油液不能进入上腔室而只能压开压缩阀，流回储油缸筒。油液流经上述阀孔时，受到一定的节流阻力，为克服这种阻力而消耗了震动能量，使震动衰减。此时流经的这些阀的流通面积较大，有一定的阻尼力。

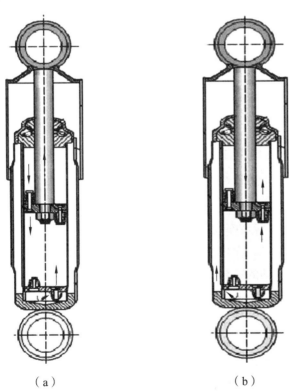

（a）　　　　　　　　　　　　　　（b）

图 1.23　双向作用筒式减震器工作原理

（2）伸张行程。

如图 1.23（b）所示，当车桥相对远离车架（或车身）时，减震器受拉伸，活塞上移，使其上腔室油压升高。上腔室的油液便推开伸张阀流入下腔室。同样由于活塞杆的存在，上腔室减小的容积小于下腔室增加的容积，因而从上腔室流出来的油液不足以充满下腔室所增加的容积，使下腔室产生一定的真空度，这时储油缸筒中的油液在真空度作用下，推开补偿阀流进下腔室进行补充。此时流经的阀的流通面积较小，产生了阻尼力。

从上面可以得知，这种减震器在压缩、伸张两个行程都能起减震作用，因此称为双向作用减震器。

引导问题 8：麦弗逊式独立悬架的特点是什么？

麦弗逊式独立悬架目前在轿车中应用很广泛，其结构如图 1.24 所示。由减震器、螺旋弹簧、横摆臂、横向稳定杆等组成。减震器与套在它外面的螺旋弹簧合为一体，构成悬架的弹性支柱，支柱上端与车身挠性连接，支柱的下端与转向节刚性连接。横摆臂的外端通过球头销 B 与转向节的下部连接，内端与车身铰接。

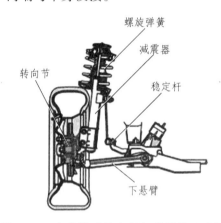

图 1.24　麦弗逊式独立悬架的结构示意图

麦弗逊式独立悬架没有传统的主销实体，转向柱轴线为上下铰接中心的连线 AB（一般与弹性支柱的轴线重合）。当车轮上下跳动时，B 点随横摆臂摆动，因而主销轴线 AB 随之摆动（弹性支柱也摆动）。这说明车轮沿着摆动的主销轴线而运动。

麦弗逊式独立悬架结构较简单，布置紧凑，用于前悬架时能增大两前轮内侧的空间，故多用于发动机前置前轮驱动的轿车上。

前轮采用麦弗逊式独立悬架时，前轮定位各参数的变化较小，除前束可调整外，其他参数有的车型规定不可调整，有的车型则规定可以调整。常见的调整部位及调整方法如下：

（1）改变转向节与横摆臂外端的位置。如图 1.25（a）所示，松开转向节球头销与横摆臂的连接螺栓，左右横向移动球头销及转向节，可以改变车轮外倾角。

（2）改变弹性支柱上支座的位置。如图 1.25（a）所示，悬架的弹性支柱上支座用螺栓固定在车身上，松开螺栓，左右横向移动上支座，可以调整车轮外倾角。

（3）改变转向节上端的位置。如图 1.25（b）所示，由减震器和螺旋弹簧组成的弹性支柱下端通过上、下两个螺栓与转向节上端固定，其中上螺栓经偏心凸轮将两者连接在一起。

转动上螺栓可使偏心凸轮转动，从而带动转向节上端左右横向（A 向）移动，进而改变车轮外倾角。

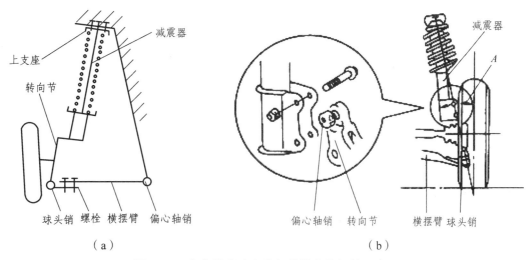

（a）　　　　　　　　　　　　　　（b）

图 1.25　麦弗逊式独立悬架前轮定位调整示意图

　　注：由于麦弗逊悬架支撑点之间的距离大，所以安装误差和制造误差对前轮定位的影响较小。通常除了前轮前束之外，不需要进行定位调整。

二、任务实施

引导问题 9：完成本任务，需要使用的主要工、量具有哪些？

1. 轮胎套筒

轮胎套筒如图 1.26 所示。

图 1.26　轮胎套筒

2. 工具套件

工具套件如图 1.27 所示。

图 1.27　工具套件

3. 减震器弹簧拆装机

减震器弹簧拆装机如图 1.28 所示。

图 1.28　减震器弹簧拆装机

4. 扭矩扳手

扭矩扳手如图 1.29 所示。

图 1.29　扭矩扳手

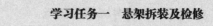

* 将完成盘式制动器检修任务，需要用到的工量具、设备和材料登记在表 1.1 中。

表 1.1　工量具、设备材料名称及型号

序　号	名　　称	规　格	数　量	备　　注

引导问题 10：怎样拆下带弹簧的减震器总成？

带弹簧的减震器总成，如图 1.30 所示。工作前请查阅维修手册，找到相关信息，认真查看悬架的相关规范操作流程。

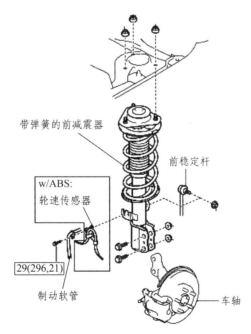

图 1.30　前减震器总成

注意：在拆下带弹簧的减震器总成之前，标记记号。

拆卸步骤如下：

（1）拆下车轮。

（2）如图 1.31 所示，拆下螺栓和线夹，分离前轮转速传感器。

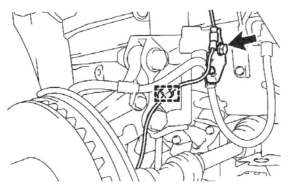

图 1.31　拆下线夹

（3）如图 1.32 所示，拆下制动软管固定螺栓，分离前制动软管。

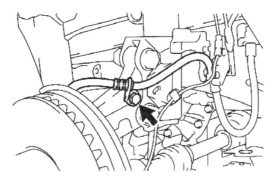

图 1.32　分离前制动软管

（4）如图 1.33 所示，松开前减震器至车身螺母。

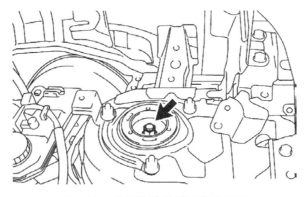

图 1.33　松开前减震器至车身螺母

注意：不需要拆下减震器总成至车身的固定螺母，仅松开减震器至车身螺母不可拆下。

（5）如图 1.34 所示，使用千斤顶支撑前桥。

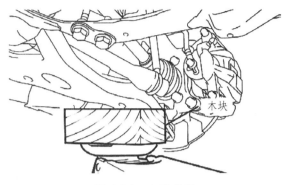

图 1.34　支撑前桥

（6）如图 1.35 所示，拆下 2 个减震器与转向节连接螺母，并将减震器与转向节分离。

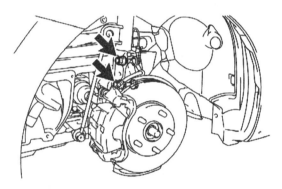

图 1.35　拆下减震器与转向节连接螺母

（7）如图 1.36 所示，拆下 3 个将减震器总成固定到车身上螺母，取下减震器总成。

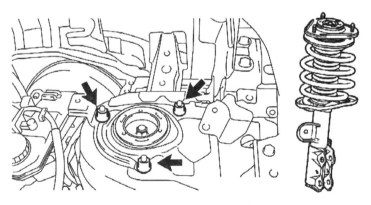

图 1.36　拆下减震器总成

引导问题 11：如何分解减震器总成？

减震器总成组成如图 1.37 所示。

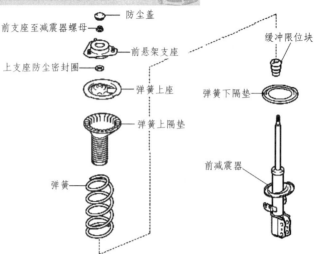

图 1.37　减震器总成零件分解图

分解减震器总成的步骤如下：

（1）将带螺旋弹簧的前减震器固定到弹簧拆装机上。

（2）调节压具，使压具平稳地压在弹簧上，如图 1.38 所示。

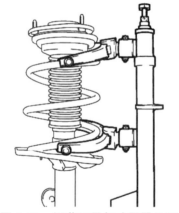

图 1.38　调节压具与减震器位置

（3）将压具缓慢向下压，直至弹簧与上座分离。

（4）拧下减震器至车身螺母。

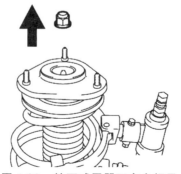

图 1.39　拧下减震器至车身螺母

（5）松开压具，使压具完全离开减震器。

（6）分别取出上座组件、弹簧座、防尘套和限位块。

（7）取出弹簧。

（8）松开弹簧拆装机，取下减震器。

引导问题 12：如何检查减震器零件？

（1）上座：转动平滑，无损伤。

（2）防尘套（护罩）完好，无破损。

（3）弹簧：腐蚀，变形，尺寸（自由高度，弹性系数）。

（4）减震器：单体试验，如图 1.40 所示。

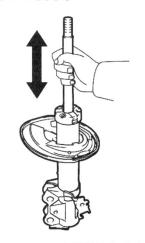

图 1.40　减震器单体试验

压缩并拉伸减震器活塞杆 4 次或更多。活塞杆运行平滑，无异常阻力或声音；松手后活塞杆可平顺、缓慢完全伸出。

引导问题 13：如何重新组合减震器？

（1）将减震器安装到弹簧拆装机上，注意位置，如图 1.41 所示。

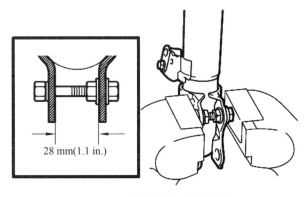

28 mm(1.1 in.)

图 1.41　减震器放置到拆装机

（2）安装螺旋弹簧下隔垫，注意隔垫的方位，如图 1.42 所示。

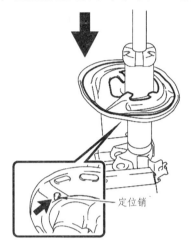

定位销

图 1.42　下隔垫方向

（3）安装缓冲限位块。

（4）将弹簧放置到下隔垫上，注意方位，如图 1.43 所示。

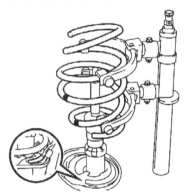

图 1.43　弹簧方位

（5）调节压具，直至压具平稳地压在弹簧上。

注意：不要将压具压在最上面的一圈弹簧上。

（6）平缓地将弹簧压缩。

（7）依次放置防尘套（护罩）、弹簧上座、隔垫、减震器上支座。

注意零件方位，如图 1.44 所示。

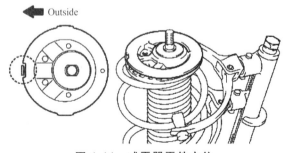

Outside

图 1.44　减震器零件方位

（8）安装减震器至车身螺母，将螺母暂时拧至活塞杆平齐，如图 1.45 所示。

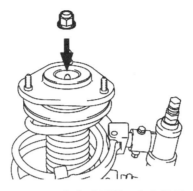

图 1.45　安装减震器至车身螺母

（9）缓慢松开压具，取下组合好的减震器总成。

（10）检查减震器总成的装配情况。

引导问题 14：如何将组合好的减震器总成安装到车上？

（1）如图 1.46 所示，将减震器总成对号方向，安装到车上，拧上 3 个螺母。（扭矩：50 N·m）

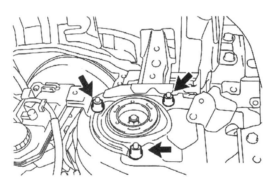

图 1.46　将减震器安装到车上

（2）如图 1.47 所示，将减震器下部与转向节连接起来，安装 2 个螺栓并紧固。（扭矩：240 N·m）

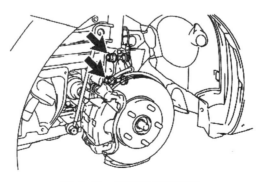

图 1.47　连接转向节螺栓

（3）如图1.48所示，完全紧固减震器至车身螺母。（扭矩：47 N·m）

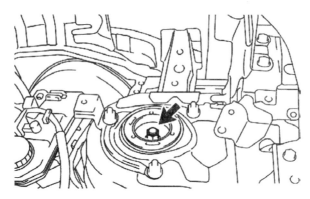

图 1.48　拧紧减震器至车身螺母

（4）安装前制动软管。（扭矩：29 N·m）

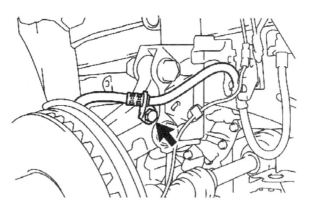

图 1.49　安装前制动软管

（5）安装前轮转速传感器。（扭矩：29 N·m）

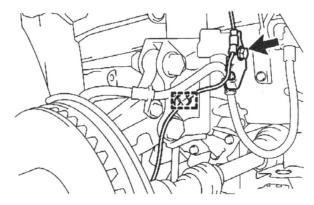

图 1.50　安装前轮转速传感器

（6）检查装配情况，安装车轮总成。

三、评价与反馈

1. 任务实施考核成绩评定（见表1.2）

表1.2　技能考核标准

序号	项目	操作内容	规定分	评分标准	得分
1	准备	清点工具、量具；清理工位	5分	酌情扣分	
2	拆卸	拧松减震器至车身螺母	2分	操作不当扣1~2分	
		拆下车轮	2分	操作不当扣1~2分	
		脱开软管和轮速传感器	2分	操作不当扣1~2分	
		拆下减震器和转向节连接螺栓	2分	操作不当扣1~2分	
		拆下3个上支座螺母,取下减震器	2分	操作不当扣1~2分	
3	分解	将减震器安装到拆装机上	2分	操作不当扣1~2分	
		均匀压好弹簧	2分	操作不当扣1~2分	
		平缓地压缩弹簧	2分	操作不当扣1~2分	
		拧下减震器至车身螺母	2分	操作不当扣1~2分	
		取下上支座	2分	操作不当扣1~2分	
		取下弹簧上座和隔离垫	2分	操作不当扣1~2分	
		取下缓冲限位块	2分	操作不当扣1~2分	
		松开并取下弹簧	2分	操作不当扣1~2分	
		取下下隔垫	2分	操作不当扣1~2分	
		取下减震器单体	2分	操作不当扣1~2分	
4	检查	检查上支座	4分	操作不当扣1~4分	
		检查隔离垫	4分	操作不当扣1~4分	
		检查弹簧	4分	操作不当扣1~4分	
		检查缓冲限位块	4分	操作不当扣1~4分	
		检查减震器	4分	操作不当扣1~4分	
5	装配	将减震器单体安装到拆装机上	2分	操作不当扣1~2分	
		安装下隔垫	2分	操作不当扣1~2分	
		将弹簧放到隔垫上	2分	操作不当扣1~2分	
		将缓冲限位块装到活塞杆上	2分	操作不当扣1~2分	
		将弹簧平稳地压好	2分	操作不当扣1~2分	
		平缓地压缩弹簧	2分	操作不当扣1~2分	
		放好上隔离垫	2分	操作不当扣1~2分	
		安装弹簧上座和防尘垫	2分	操作不当扣1~2分	
		安装减震器上支座	2分	操作不当扣1~2分	
		安装减震器至车身螺母	2分	操作不当扣1~2分	

续表 1.2

序号	项目	操作内容	规定分	评分标准	得分
6	安装	将减震器总成安装到车身上,安装3个上支座螺母	2分		
		将减震器总成安装到转向节上,拧上2个螺栓	2分		
		复位软管和轮速传感器	2分		
		安装车轮	2分		
		紧固减震器至车身螺母	2分		
7	时间	45 min	5分	超时1~10 min扣1~5分;超时10 min以上扣5分	
8	安全文明	无安全隐患,无不文明操作	5分	未达标扣1~5分	
9	结束	工具、量具清洁归位;工作场地清洁	5分	漏一项扣1分,未做扣5分;清洁不彻底扣1~5分,未做扣5分	
	总　分		100分		

2. 任务过程评价与反馈(见表1.3、表1.4)

表 1.3　任务过程评价表(教师填写)

考核项目	评分标准	分数	成绩	过程评价
劳动纪律	有无迟到、早退和旷工	5		
团队合作	是否和谐	5		
活动参与	是否精彩	5		
安全生产	有无安全隐患	10		
操作过程	是否正确、熟练	30		
任务质量	是否圆满完成	10		
工具、设备使用	是否规范、标准	10		
工作页填写	是否完整、规范	15		
现场5S	是否做到	10		
总　分		100		

注:没有按照操作流程操作,出现人身伤害或设备严重事故,本任务考核结果为0分。

表 1.4　任务过程反馈表（学生填写）

反馈内容	回答
你是否完成本学习任务，并得到老师的确认？	
你是否能准确有效地收集、分析和组织完成资料，正确地交流信息？	
你是否已经掌握预期的知识和必备的技能？	
你是否充分使用学习资源和按计划有组织地完成任务？	
操作完成水平： 上述表格中的项目应为肯定回答。若不是，应咨询老师。你可以要求附加相关活动，以便完成相关的操作技能。 教师签字：_____ 学生签字：_____ 完成日期：_____	

四、学习拓展

什么是悬挂重量和非悬挂重量？其与乘坐舒适性的关系如何？

悬架连接车桥和车身，车身是由弹簧支承的。由弹簧支承的车身等的重量称为悬挂重量。与之相对，不依靠弹簧支承的车轮、车桥及汽车其他部件的重量称为非悬挂重量，如图 1.51 所示。

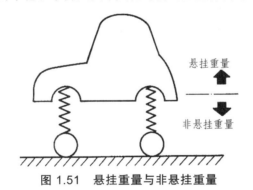

图 1.51　悬挂重量与非悬挂重量

一般来说，汽车的悬挂重量越重，其乘坐舒适性越高。因为当悬挂重量增加时，车身颠簸的倾向就会降低。反之，如果非悬挂重量增加，车身就容易产生颠簸，如图 1.52 所示。

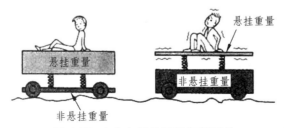

图 1.52　（非）悬挂重量与舒适性

学习任务二　车轮检修

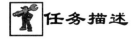

任务描述

　　一位顾客的卡罗拉轿车在做定期维护，反映高速行驶时车辆不平稳，经检查发现轮毂动平衡配重脱落，需要进行检查和修理。

学习目标

　　通过本学习任务的学习，应当能：

1. 知道车轮的功用和组成；
2. 知道轮胎的功用和类型；
3. 掌握轮胎的规格；
4. 了解行驶对轮胎的影响；
5. 小组密切合作，规范进行车轮换位操作；
6. 小组密切合作，进行车轮动平衡操作。

建议学时

　　6 学时。

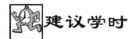

学习内容

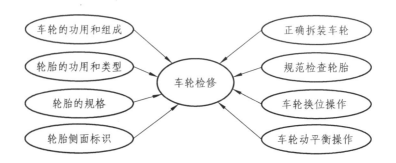

一、任务准备

引导问题 1：车轮的功用是什么？

汽车车轮总成安装于车桥与地面之间，车轮总成由车轮和轮胎两大部分组成（见图2.1）。它具有如下基本功用：支承整车质量；缓和由路面传递来的冲击；通过轮胎和路面之间的附着作用，产生驱动力（牵引力）和制动力；产生平衡汽车转向离心力的侧向力，以便顺利转向，并产生回正力矩，使车轮保持直线行驶；跨越障碍，保证汽车通过性。

图 2.1　车轮的位置

引导问题 2：车轮由哪些部分组成？

车轮是介于轮胎和车桥之间承受负荷的旋转组件，其功用是安装轮胎，承受轮胎与车桥之间的各种载荷的作用。

车轮一般由轮毂、轮辋和轮辐组成，如图 2.2 所示。轮毂通过轴承装在车桥或转向节轴径上，用于连接车轮与车桥；轮辋用于安装和固定轮胎；轮辐用于将轮毂和轮辋连接起来，并通过螺栓与轮毂连接起来，车轮上通常安装有平衡块，用来调整车轮的动平衡。

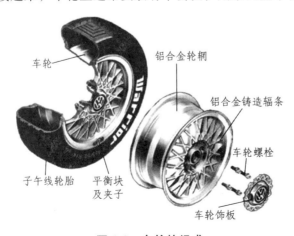

车轮　　　　　　　　　　铝合金轮辋

铝合金铸造辐条

车轮螺栓

子午线轮胎　　平衡块　　　　　　车轮饰板
　　　　　　　及夹子

图 2.2　车轮的组成

> **小提示**：目前常用的车轮有钢质和铝合金两种。比较而言，铝合金车轮具有下列优点：美观；轻便、省油；散热性好；刚性和保圆性好，不宜变形；弹性好，提高车辆行驶中的平顺性。正因如此，铝合金车轮博得了越来越多车主的青睐。

引导问题 3：轮胎的功用是什么？

轮胎安装在轮辋上，直接与路面接触，它的功用是：

（1）支承汽车的质量，承受路面传来的各种载荷的作用。

（2）和汽车悬架共同来缓和汽车行驶中所受到的冲击，并衰减由此产生的振动，以保证汽车有良好的乘坐舒适性和行驶平顺性。

（3）保证车轮和路面有良好的附着性，以提高汽车的动力性、制动性和通过性。

引导问题 4：轮胎的类型有哪些？

按照分类的原则不同，轮胎分类也不同。

（1）按轮胎内空气压力的大小，轮胎分为高压胎（0.5 ~ 0.7 MPa）、低压胎（0.2 ~ 0.5 MPa）和超低压胎（0.2 MPa 以下）三种。

> **小提示**：低压胎弹性好，减震性能强，壁薄散热性好，与地面接触面积大而使附着性好，因而广泛用于轿车。超低压胎在松软路面上具有良好的通过能力，多用于越野汽车及部分高级轿车。

（2）按轮胎有无内胎，轮胎分为有内胎轮胎和无内胎轮胎两种。

（3）按胎体帘布层结构的不同，轮胎分为斜交轮胎和子午线轮胎。

（4）根据花纹的不同，分为普通花纹轮胎、组合花纹轮胎、越野花纹轮胎。

目前，轿车上广泛采用的是低压、无内胎的子午线轮胎。

引导问题 5：轮胎有哪些组成部分？其结构如何？

充气轮胎按结构不同，可分为有内胎轮胎和无内胎轮胎两种，如图 2.3 所示。有内胎轮胎由外胎、内胎和垫带等组成，使用时安装在汽车车轮的轮辋上。无内胎轮胎俗称真空胎，在外观上与普通轮胎相似，但是没有内胎及垫带。它的气门嘴用橡胶垫圈和螺母直接固定在轮辋上，空气直接充入外胎中，其密封性由外胎和轮辋来保证。

外胎是轮胎的主要组成部分，它是用耐磨橡胶以及帘线制成的强度较高而又有弹性的外壳，直接与地面接触。主要由胎面、缓冲层、帘布层和胎圈等组成，胎面是轮胎的外表面，可分为胎冠、胎肩、胎侧三部分，如图 2.4 所示。

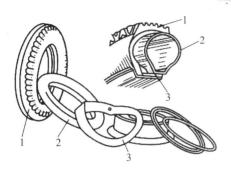 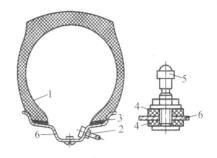

（a）有内胎轮胎的组成　　　　　　　　　　（b）无内胎轮胎

图 2.3　轮胎的组成和结构

1—外胎；2—内胎；3—垫带　　　　1—橡胶密封层；2—气门嘴；3—胎圈橡胶密封层；
　　　　　　　　　　　　　　　　　4—橡胶垫圈；5—气门螺母；6—轮辋

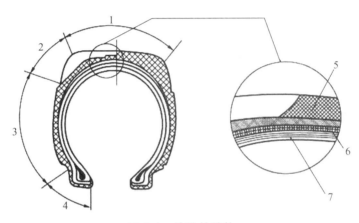

图 2.4　外胎的结构

1—胎冠；2—胎肩；3—胎侧；4—胎圈；5—胎面；6—缓冲层；7—帘布层

> **小提示**：胎冠通常设有磨损标记，位于胎面花纹沟底部，当胎面磨损到此处时，花纹沟断开，轮胎磨损到磨损标记以下将非常危险，轮胎必须停止使用并更换。通常在磨损标志对应的胎肩处标出"△"符号，每只轮胎应圆周等距离设置，不少于 4 个。

引导问题 6：什么是子午线轮胎？

按照帘布层帘线排列方式的不同，外胎可以分为斜交轮胎和子午线轮胎，斜交轮胎帘布层的帘线按一定角度交叉排列，帘线与轮胎横断面的交角通常为 50°。子午线轮胎帘布层帘线排列的方向与轮胎横断面一致，即垂直于轮胎胎面中心线，类似于地球仪上的子午线，如图 2.5 所示。

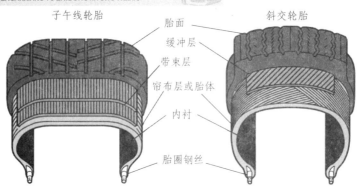

图 2.5　子午线轮胎与斜交轮胎

子午线轮胎胎侧比斜交轮胎软，在径向上容易变形，可以增加轮胎的接地面积，即使在充足气后，两侧壁上也有一个特殊的凸起部。子午线胎与斜交轮胎相比较，具有行驶里程长、滚动阻力小、节约燃料、承载能力大、减震性能好、附着性能好、不易爆胎等优势，目前在汽车上应用广泛。

引导问题 7：轮胎是怎样标记的？

轮胎的尺寸标注内容包括轮胎外径、轮胎内径、轮胎高度及轮胎断面宽度，如图 2.6 所示。

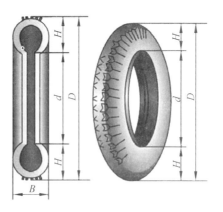

图 2.6　轮胎的尺寸

D—轮胎外径；d—轮胎内径；H—轮胎断面高度；B—轮胎断面宽度

1. 斜交轮胎的规格

普通斜交轮胎的规格用 B—d 表示，载货汽车斜交轮胎和轿车斜交轮胎的尺寸 B 和 d 均使用 inch（英寸，1 英寸 = 2.54 厘米）为单位。例如，9.00—20，其意为该轮胎断面宽度为 9 inch，轮辋直径为 20 inch。

2. 子午线轮胎的规格

例如，185/70R13 86S。其中，185 为轮胎名义断面宽度代号，表示轮胎宽度 185 mm；70

为轮胎名义扁平比代号，表示扁平比为 70%，扁平比为轮胎高度 H 与宽度 B 之比，有 60、65、70、75、80 五个级别；R 为子午线轮胎结构代号，即 "Radial" 的第一个字母；86 为轮胎的承载指数；S 为速度等级代号，表明轮胎能行驶的最高车速。

常见的轮胎承载指数见表 2.1（a），速度等级与对应的最高车速见表 2.1（b）。

表 2.1（a）　轮胎承载指数

承载指数	承载能力/kg	承载指数	承载能力/kg	承载指数	承载能力/kg
78	425	89	580	100	800
79	437	90	600	101	825
80	450	91	615	102	850
81	462	92	630	103	875
82	475	93	650	104	900
83	487	94	670	105	925
84	500	95	690	106	950
85	515	96	710	107	975
86	530	97	730	108	1 000
87	545	98	750	109	1 030
88	560	99	775	110	1 060

表 2.1（b）　轮胎速度等级及对应最高车速表

速度等级	最高车速/（km/h）	速度等级	最高车速/（km/h）
L	120	T	190
M	130	U	200
N	140	H	210
P	150	V	240
Q	160	Z	>240
R	170	W	<270
S	180	Y	<300

引导问题 8：改装车轮和轮胎需要注意哪些问题？

生活中越来越多的车主选择对车辆的轮胎进行升级，如 175/70 R14 的轮胎升级到 185/65 R15。这种升级增加了轮胎的宽度和轮辋的尺寸。轮胎宽度越宽，轮胎与地面的接触面积越大，车轮的抓地力相对越高，当然车辆的油耗也随之增加。改装车轮与轮胎时通常会改变车轮直径，车轮直径变化大将影响仪表车速显示和 ABS、ASR、主动避撞等安全系统的工作。通常情况下对轮胎车轮升级最重要的原则是：升级，总直径加高不得超过 1.5%，降低不得超过 2%。

此外，改装轮胎还必须遵循下列原则：

（1）轮胎的宽度增加后不能影响转向。可以把转向盘向左右两边打到头，看轮胎内侧和车身之间是否有足够的间隙，否则需要更换轮毂（减小 ET 值）来增加轮距。

（2）新轮胎的直径和原配轮胎的尺寸误差尽可能小。对于配备行车电脑的车型，如果改装的轮胎尺寸有偏差，则电脑显示的平均油耗、瞬时油耗、总里程、当前里程等的准确性都将受到影响，如要坚持改装，必须对行车电脑中参数加以修正。

（3）改装后的轮胎最高时速限制必须高于原配轮胎。此外还要注意轮胎的旋转方向要一致。

引导问题 9：轮胎侧面有很多字母、数字和标识，是什么意思？

除了前面提到的轮胎规格信息，轮胎侧面标注通常包括轮胎的品牌、轮胎气压加注范围、轮胎类型、轮胎旋转方向等。如图 2.7 所示，在轮胎规格前加"P"表示轿车轮胎；在胎侧标有"REINFORCED"表示经强化处理，"RADIAL"表示子午线胎，"TUBELESS"（或 TL）表示无内胎（真空胎），"M + S"（Mud and Snow）表示适于泥地和雪地，"→"表示轮胎旋向，不可装反。

中国强制性产品认证标记："CCC"会出现在国内使用的轮胎胎壁上。

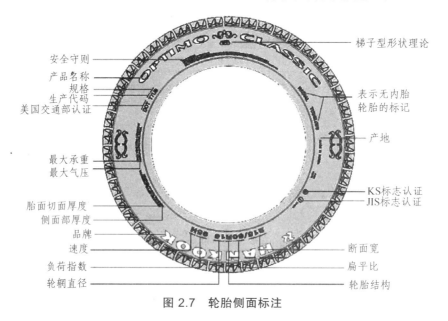

图 2.7　轮胎侧面标注

常见的轮胎品牌见表 2.2。

表 2.2　常见的轮胎品牌

名　　称	图　标	名　　称	图　标
米其林	MICHELIN	邓禄普	DUNLOP®
普利司通	BRIDGESTONE	韩泰	Hankook 韩泰轮胎

续表 2.2

名　称	图　标	名　称	图　标
固特异	**GOODYEAR**	佳　通	**GiTi TIRE**
马　牌	**Continental**	三　角	**三角 TRIANGLE**
倍耐力	**PIRELLI**	玛吉斯	**MAXXIS**

二、任务实施

任务一　轮胎换位

　　轮胎是汽车的重要部件之一，它直接与路面接触，和汽车悬架共同来缓和汽车行驶时所受到的冲击，保证汽车有良好的乘坐舒适性和行驶平顺性。轮胎在汽车行驶中起着很重要的作用，它的养护当然要格外重视。

　　由于各轮胎工作条件和负荷不相同，一般后轮负荷大于前轮，因靠右侧行驶，右轮负荷大于左轮。汽车行驶一定里程后，各不同部位的轮胎在疲劳和磨损程度上就会出现差别。因此，应按汽车保养规定及时进行轮胎换位，特别是新车初驶后的换位，对轮胎的使用寿命影响很大。本节我们就来学习如何完成车轮总成的检查与换位，以卡罗拉轿车为例，讲解车轮总成的检查与换位。

　　引导问题 10：完成本任务，需要使用的主要工、量具有哪些？

　　（1）轮胎套筒、风炮或轮胎拆装专用扳手。
　　（2）磁力护裙、转向盘护套、变速杆手柄套、脚垫和座位套。
　　（3）举升机、丰田卡罗拉轿车及维修手册。
　　（4）轮胎气压表及充气枪，如图 2.8（a）所示。
　　（5）轮胎花纹深度检测标尺，如图 2.8（b）所示。

（a）　　　　　　　　　　　　　　　　　（b）

图 2.8　轮胎气压表和深度检尺

引导问题 11：怎样规范检查和更换车轮？

1. 准备工作

（1）汽车进入工位前，将工位清理干净，准备好相关的器材。

（2）将汽车停驻在举升机中央位置。

（3）拉紧驻车制动器操纵杆，并将变速杆置于空挡位置。

（4）套上转向盘护套、变速杆手柄套和座位套，铺设脚垫。

2. 车轮总成的检查

（1）左右摆动车轮，上下摆动车轮（见图 2.9），检查车轮偏摆。如果轴承太松，紧固槽形螺母。轮毂锁紧螺母拧紧力矩为 185～225 N·m。如果紧固之后仍松，则更换前轮轮毂轴承。

图 2.9　检查车轮

（2）拆卸车轮。

① 如图 2.10 所示，按对角交叉的方法将 4 个车轮拧松。

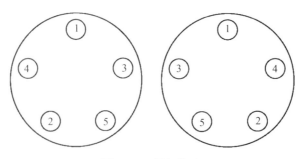

图 2.10　拆卸顺序

② 将车辆安全举升至轮胎最低点距离地面约 20 mm 的高度，并可靠锁止。

③ 拆下轮胎，做好标记，将轮胎放在轮胎架上，如图 2.11 所示。

图 2.11　轮胎放置

（3）车轮的检查。

① 检查轮胎是否有胎体变形、鼓包、橡胶开裂、异常磨损及穿刺异物等现象，如图 2.12 所示。

图 2.12　检查轮胎

② 检查并清除轮胎花纹中堆积的杂物等。

③ 如图 2.13 所示，测量轮胎花纹深度。

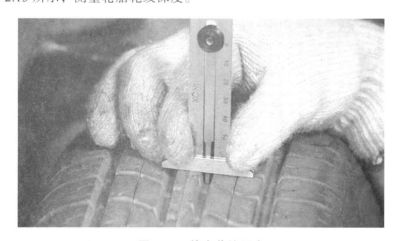

图 2.13　检查花纹深度

④ 如图 2.14 所示，检查轮胎气压，检查气嘴气密性。

⑤ 检查轮辋有无损坏或腐蚀，检查备用轮胎。

图 2.14　检查轮胎气压和气密性

⑥ 子午线轮胎车轮换位顺序如图 2.15 所示。图（a）所示方法为将后轮交叉换至前轮，前轮单边换至后轮，对于无方向要求的车轮可使用该方法；图（b）所示方法为进行前后轮单边换位。具体选择方法参看各种车型的维修手册确定。

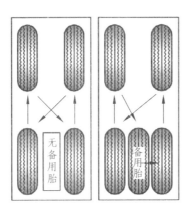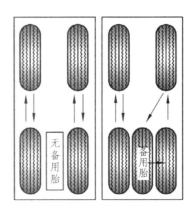

图 2.15　轮胎换位

⑦ 换位后应检查车轮螺母是否达到规定的紧固力矩。

任务二　轮胎拆装

引导问题 12：完成本任务，需要使用的主要工、量具有哪些？

撬棍、润滑脂、压缩空气管路、轮胎拆装机及说明书；轮胎的修补套件、防护眼镜等。

引导问题 13：如何完成轮胎的拆卸更换？

将轮胎拆下后按如下步骤进行：

（1）如图 2.16 所示，将轮胎内的气释放，去掉轮辋上所有配重铅块。

图 2.16　释放轮胎内的气体

（2）认识轮胎拆装机。

（3）将轮胎放到如图 2.17 所示位置，反复转动轮胎并压下轮胎挤压板，踩下轮胎挤压臂踏板，使轮胎和轮辋彻底分离，注意避开气嘴位置。

图 2.17　轮胎和轮辋分离

（4）如图 2.18 所示，将轮辋放在卡盘上，踩下锁紧/放松车轮踏板，锁住轮辋。

图 2.18　将轮辋固定

（5）在轮胎内圈抹上润滑脂。

（6）如图 2.19 所示，将拆装臂拉下，使卡头内滚轮与轮辋边缘贴住，将扒胎臂卡紧。

图 2.19　拆装臂定位

（7）如图 2.20 所示，用撬棍将轮胎挑到拆装臂尖角端外。

图 2.20　挑起轮胎一侧

（8）如图 2.21 所示，踩下逆时针旋转踏板，使卡盘逆时针旋转，扒出一侧轮胎。

图 2.21　旋转卡盘

（9）如图 2.22 所示，用相同的方法扒出另一侧轮胎。

图 2.22　扒出另一侧轮胎

（10）补胎完成后，用顺时针旋转方法将轮胎安装好，补充好胎压。

引导问题 14：如何完成轮胎的修补？

轮胎的修补方法依据轮胎受损程度，常用的有冷补（内补或粘贴补）和热补（俗称火补）法。

冷补：将受伤轮胎从轮辋上卸下，找到创口之后，将创口处的异物清理后，从轮胎内层贴上专用的补胎胶皮，从而完成补漏。热补：将专用的生胶片贴附于创口，再用烘烤机对创口进行烘烤，直至生胶片与轮胎完全贴合。热补设备如图 2.23 所示。

图 2.23　热补机

任务三　轮胎动平衡

引导问题 15：为什么要给车轮做动平衡？

由于轮胎或轮毂的材料组织内部不均匀、车轮与车轴的装配尺寸误差、轮胎与地面的不正常磨损等因素的影响造成车轮的动不平衡，导致汽车操纵稳定性下降。

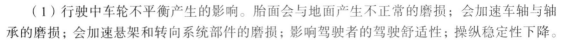

（1）行驶中车轮不平衡产生的影响。胎面会与地面产生不正常的磨损；会加速车轴与轴承的磨损；会加速悬架和转向系统部件的磨损；影响驾驶者的驾驶舒适性；操纵稳定性下降。

（2）以下情况车轮需要做动平衡：行驶在平整的路面上时，感觉到转向盘发抖，车辆跳动，且速度越快，越明显；修补轮胎、更换轮胎或轮毂后；车轮发生强烈碰撞后。

引导问题 16：完成本任务，需要使用的主要工、量具有哪些？

润滑脂、压缩空气管路、轮胎拆装机书、防护眼镜、动平衡仪及说明、平衡块若干、平衡块拆卸钳（见图 2.24）。

图 2.24　平衡块拆卸钳和平衡块

引导问题 17：如何规范地完成车轮动平衡操作？

（1）准备工作。

目检：车轮表面是否有污泥砂石等附在上面；轮胎表面是否卡有金属碎片、石头或其他异物；车轮是否有破损、变形和转动起来后颤抖的现象。调节轮胎气压：如图 2.25 所示，用气压表检测并将轮胎气压调节至标准气压。

图 2.25　调节气压

（2）使用平衡钳拆下原车轮上的旧平衡块，拆卸时注意不要弄花轮辋的表面。

（3）将轮胎的中心孔对正平衡机旋转轴，将轮胎安装到平衡旋转轴上，选择合适的定位椎体，并将快换螺母旋紧到平衡转轴上，如图 2.26 所示。

图 2.26 使用快换螺母

（4）打开位于主机箱左侧的电源开关。控制面板上的指示灯应全部点亮，如图 2.27 所示。

图 2.27 开机

（5）从主机箱右侧拉出"A"距离测量尺，测量主机箱到轮辋边缘的距离，通过"↑""↓"将数据输入"A"设置里，如图 2.28 所示。

图 2.28 设定机箱到轮辋边缘的距离

（6）使用宽度测量尺，测量轮辋两边缘的宽度值。测量时，测量尺位置要放置在正中间，读数时注意视线与刻度平齐。通过"↑""↓"将数据输入"L"设置里，如图 2.29 所示。

图 2.29　测量轮辋宽度

（7）查找位于轮胎胎侧上的轮胎规格，确定轮辋直径，通过"↑""↓"将数据输入"D"设置里，如图 2.30 所示。

图 2.30　设定直径

（8）确定数据无误后，向前方推动车轮旋转，按下启动按钮（START 开始），平衡旋转轴开始旋转，数秒后自动停止旋转。待平衡旋转轴停止后，控制面板上的数值显示器显示的数字即为轮胎的不平衡量，如图 2.31 所示。

图 2.31　平衡量显示

（9）用手缓慢旋转轮胎，当内侧不平衡点定位指示灯全部点亮时，停止转动轮胎，选择最接近显示不平衡量的平衡块，使用平衡钳将平衡块安装在内侧轮辋边缘最高点位置处，如图 2.32 所示。

图 2.32　平衡位置

（10）用同样的方法安装外侧平衡块。

（11）再次转动车轮，按下启动按钮（START），观看控制面板上的数值显示屏，是否显示轮辋两侧的数据均为"00"，如图 2.33 所示。

图 2.33　复检

（12）关闭车轮动平衡机的电源开关。旋下快换螺母，取下轴心定位锥体，并摆放到工作台上。

三、评价与反馈

1. 任务实施考核成绩评定（见表 2.3）

表 2.3（a）　轮胎动平衡检测评分标准

序号	考核项目	配分	评分标准	学生自评	小组互评	教师评价	小计
1	安全问题否决		造成人身、设备重大事故，或恶意顶撞考官，严重扰乱考场秩序，立即终止考试，此题计 0 分				
2	安全文明	20分	1. 不穿工作服、不穿工作鞋、不戴工作帽，各扣 1 分； 2. 油、水洒落在地面或零部件表面未及时清理，每次扣 1 分； 3. 垃圾没处理，每次扣 1 分； 4. 竣工后未清理工具，每件扣 1 分； 5. 不服从考官，出言不逊，每次扣 3 分				

续表2.3（a）

序号	考核项目	配分	评分标准	学生自评	小组互评	教师评价	小计
3	设备检查工作	4分	1. 作业前未对设备电源是否正常检查，扣2分； 2. 未检查随机配套工具是否齐备扣2分				
4	测试前工作	36分	1. 测试前，未拆卸所有平衡块，扣4分； 2. 清除轮胎上的所有异物，未做扣4分； 3. 检查轮胎花纹深度，检查轮胎表面无异常磨损、检查轮辋和轮盘不得有任何变形和破损，未做扣4分； 4. 检查胎压，并将轮胎调节至规定压力，未做扣4分； 5. 安装轮胎到平衡机时，根据轮毂中心孔的大小正确选择适配器，选错扣2分； 6. 未使用快速安装方法安装车轮扣1分； 7. 测试前，未根据轮辋形式正确选择测试方式扣10分				
5	轮胎动平衡测试	37分	1. 采集三组数据，每错一个扣3分； 2. 输入数据方法不正确，每个扣2分； 3. 读错内、外不平衡质量，扣5分； 4. 不能正确找到内外不平衡位置，扣5分； 5. 不能根据轮辋形式正确选择平衡块类型，扣5分； 6. 安装平衡块不正确，扣5分； 7. 未进行两次动平衡复查扣2分，只复查一次，扣1分				
6	测试结束工作	3分	1. 未关闭电源，扣1分； 2. 车轮卸下后，未放入轮胎架，扣1分； 3. 随机工具未归位，扣1分				
7	总　计	100分					

表2.3（b）　轮胎拆装换位

考核项目	评分标准	分数	学生自评	小组互评	教师评价	小计
团队合作	是否协调	5				
活动参与	是否积极主动	5				
安全生产	有无安全隐患	10				
现场5S	是否做到	10				
任务方案	是否正确、合理	15				
操作过程	轮胎检查	30				
	车轮换位					
任务完成情况	是否圆满完成	5				

续表 2.3（b）

考核项目	评分标准	分数	学生自评	小组互评	教师评价	小计
工具和设备使用	是否规范、标准	10				
劳动纪律	是否能严格遵守	5				
工单填写	是否完整、规范	5				
总　分		100				
教师签名：			年　　月　　日		得分：	

2. 任务过程评价与反馈（见表 2.4 和表 2.5）

表 2.4　任务过程评价表

考核项目	评分标准	分数	成绩	过程评价
劳动纪律	有无迟到、早退和旷工	5		
团队合作	是否和谐	5		
活动参与	是否精彩	5		
安全生产	有无安全隐患	10		
操作过程	是否正确、熟练	30		
任务质量	是否圆满完成	10		
工具、设备使用	是否规范、标准	10		
工作页填写	是否完整、规范	15		
现场 5S	是否做到	10		
总　分		100		

注：没有按照操作流程操作，出现人身伤害或设备严重事故，本任务考核结果为 0 分。

表 2.5　任务过程反馈表

反馈内容	回答
你是否完成本学习任务，并得到老师的确认？	
你是否能准确有效地收集、分析和组织完成资料，正确地交流信息？	
你是否已经掌握预期的知识和必备的技能？	
你是否充分使用学习资源和按计划有组织地完成任务？	
操作完成水平： 上述表格中的项目应为肯定回答。若不是，应咨询老师。你可以要求附加相关活动，以便完成相关的操作技能。 教师签字：_____ 学生签字：_____ 完成日期：_____	

四、学习拓展

无内胎的轮胎使用注意事项：

（1）必须保持规定的气压。无内胎轮胎为优质橡胶制造，弹性好，柔性强，对气压适应范围大，即使胎压很高也没有普通车胎那种发硬的感觉，故对气压的检查要用气压表。车胎除被扎外，无内胎轮胎一般不会自行放气，因此，充气时要用气压表进行检查，并保持规定的压力，切不可像对普通轮胎一样凭手感来决定是否补气。

（2）无内胎轮胎在使用中也要避免被尖硬物品刺伤、扎破，避免与酸、碱接触，被油类沾污也会加速橡胶的分解。应保持车胎的清洁，以防橡胶老化，延长使用寿命。

（3）无内胎轮胎对柏油、水泥路面的适应性较好，即使路面有水也能保持较强的附着力，具有较好的稳定性。但对土质路面，特别是泥泞路面附着力小、稳定性差。

（4）高速行驶用无内胎气门嘴。轿车无内胎轮胎在行驶速度大于 210 km/h（V，W，Y 或 ZR）时，气门嘴由于离心力的作用而发生倾斜的角度大于 25°，为此，务必使用金属压紧式气门嘴或使用气门嘴支座。

学习任务三　车轮定位

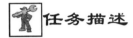 任务描述

　　车辆进行定期维护时，客户反映车辆行驶时存在跑偏现象，检查发现轮胎偏磨严重，需对车轮定位进行检查，必要时进行调整。

 学习目标

学生应以小组工作的方式，完成本项工作任务。通过本学习任务的学习，应当能：

1. 知道四轮定位各参数的作用；
2. 向客户解释所修车辆四轮定位各参数的问题和修复方案；
3. 通过阅读资料和现场观察，辨别所检修车辆四轮定位各参数的调整部位；
4. 在小组配合下，利用四轮定位仪操作手册，制订工作计划，实施工作计划；
5. 按规范的步骤，完成四轮定位各参数调整作业，恢复汽车的行驶能力。

建议学时

6学时。

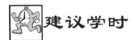 学习内容

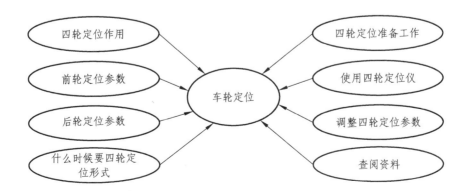

一、任务准备

引导问题 1：什么是车辆四轮定位，有什么作用？

为了保证汽车直线行驶的稳定性和操纵的轻便性，并保证转向轮在每一瞬间均为纯滚动，减少轮胎和其他机件的磨损，汽车的转向轮、转向节、前轴这三者在车架上的安装应保持一定的相对位置关系，这种安装位置就称为车轮定位。

引导问题 2：车辆四轮定位有哪些参数？

前轮定位包括主销后倾角、主销内倾角、前轮外倾角和前轮前束四个定位参数；后轮定位包括车轮外倾角、后轮前束角和推力角三个定位参数，如图 3.1 所示。汽车前轮定位和后轮定位总起来说叫车轮定位，也就是常说的四轮定位。

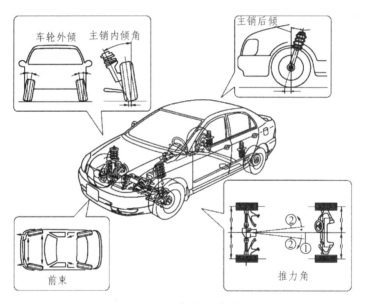

图 3.1　四轮定位参数

引导问题 3：什么是主销后倾角，有什么作用？

如图 3.2 所示，从侧面看车轮，转向主销（车轮转向时的旋转中心轴线）向后倾倒，称为主销后倾角。当汽车直线行驶，因偶受外力而发生偏离时，滚动阻力会将车轮向后拉，即能产生相应的稳定力矩，使汽车转向轮自动回正，保证汽车稳定直线行驶。

主销后倾角越大、车速越高，回正力矩越大，转向轮偏转后自动回正的能力也越强。但此力矩也不宜过大，一般不超过 2°～3°。主销后倾角安装时予以保证，一般不可调。

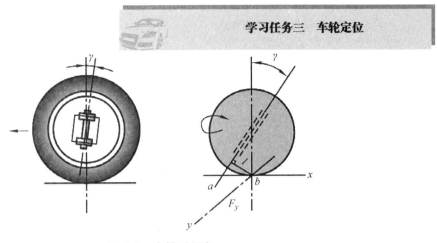

图 3.2　主销后倾角

引导问题 4：什么是主销内倾角和车轮外倾角？

主销内倾角：如图 3.3 所示，当汽车水平停放时，在汽车的横向垂面内从车前后方向看轮胎时，主销轴向车身内侧倾斜，主销轴线与地面垂线的夹角 β 称为主销内倾角。主销内倾角有自动回正作用（尤其是在静态下），同时能够使转向轻便。主销内倾角 β 一般不大于 8°，主销轴线与地面的交点到车胎中心线的距离 C 为 40～60 mm。设计上予以保证，平时不可调。

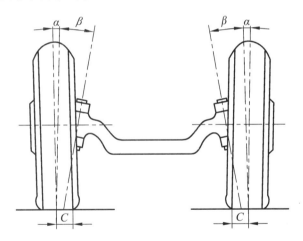

图 3.3　主销内倾角和车轮外倾角

车轮外倾角：如图 3.3 所示，从前后方向看车轮时，轮胎并非垂直安装，而是稍微倾倒呈现"八"字形张开，前轮中心平面向外倾斜一个角度 α，称为前轮外倾角。前轮外倾角的作用是：提高前轮工作安全性，转向轻便，适应路拱。α 角一般为 1° 左右（不宜过大，否则，轮胎偏磨损严重）。设计上予以保证，平时不可调。

引导问题 5：什么是前轮前束？

如图 3.4 所示，俯视车轮，汽车的两个前轮旋转平面并不完全平行，而是前端距离小于后端距离，这种现象称为前轮前束。$A - B$ 的差值为前束值。

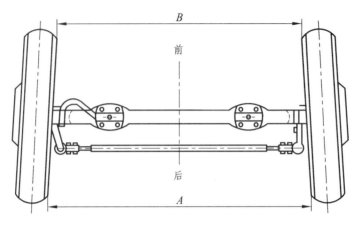

图 3.4   前束

车轮前束能抵消由于车轮外倾引起的车轮向外滚动的趋势，保证车轮沿直线方向纯滚动。车轮有了外倾角后，在滚动时就类似于滚锥，从而导致两侧车轮向外滚开。由于转向横拉杆和车桥的约束车轮不致向外滚开，车轮将在地面上出现边滚边向内滑的现象，从而增加了轮胎的磨损。为了避免这种由于圆锥滚动效应带来的不良后果，将车轮适当向内偏转，如图 3.5 所示。

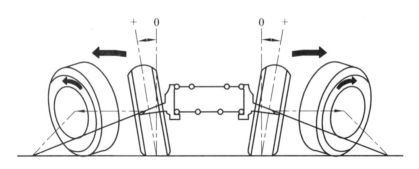

图 3.5   外倾滚动的趋势

前束值是靠人工调整的，通过检查 A 和 B 的距离相减，对照不同车型的前束值，不符应调整（通过横拉杆调整）。

一般前束值为 0 ~ 12 mm。普通斜交轮胎前束值为（5 ± 2）mm；子午线轮胎前束值为（4 ± 2）mm。（欧洲车一般为负前束。）

引导问题 6：前轮有定位参数，那么后轮有没有呢？

车辆后轮同样有一定的定位参数，即后轮外倾角和后轮前束。

如图 3.6 所示，在有些发动机前置、前驱动的轿车上，后轮是从动轮。汽车的驱动力 F 通过纵臂作用于后轴上，如果车轮没有前束角，当汽车行驶时，在驱动力 F 作用下，后轴将产生一定弯曲，使车轮出现前转现象，会使轮胎出现偏磨损。

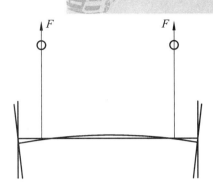

图 3.6 后轮定位参数

引导问题 7：在什么情况下要四轮定位？

车辆在更换新胎或发生碰撞事故维修后；前后轮胎单侧偏磨；驾驶时转向盘过重或飘浮发抖；直行时汽车向左或向右跑偏；虽无以上状况，但出于维护目的，建议新车在驾驶 3 个月后，以后半年或 1 万千米一次。

引导问题 8：四轮定位有什么好处？

正确的四轮定位能增强驾驶舒适感；减少汽油消耗；增加轮胎使用寿命；保证车辆的直行稳定性；减少悬架装置的磨损；增强行驶安全。

二、任务实施

引导问题 9：完成本任务，需要使用的主要工、量具有哪些？

胎压计、钢尺、工具套件、磁力护裙、转向盘护套、变速杆手柄套、脚垫和座位套、双剪式举升机、四轮定位仪、实习车辆及维修手册。

引导问题 10：完成四轮定位有哪些具体步骤？

车轮定位检修步骤通常包括定位前准备工作，安装卡具和定位仪，测量与调整，车轮定位后的检验。

引导问题 11：如何正确完成四轮定位操作？

1. 定位前准备工作

（1）将车辆停置于检测台上；转向盘处于直线行驶位置，车轮位于居中位置，车身处于空载状态，分别压车身的前部和后部，使车辆的悬架回弹至正常位置。

（2）车轮检查：检查四个车轮的胎压是否符合标准胎压，轮胎尺寸是否相同；轮胎花纹是否有明显的异常磨损；轮胎动平衡是否正常；轮胎是否偏摆。

（3）悬架检查：检查车身高度；螺旋弹簧是否损坏或明显变形；减震器是否漏油或损坏；转向横拉杆是否变形；转向横拉杆球头节是否损坏或松动；悬架臂是否明显变形；悬架臂球头节是否损坏或松动；悬架臂铰接处衬套是否损坏或松动。

2. 四轮定位操作

下面以百斯巴特定位仪（见图 3.7）为例，讲解四轮定位操作。

图 3.7　百斯巴特定位仪

（1）安装制动器锁，如图 3.8 所示。

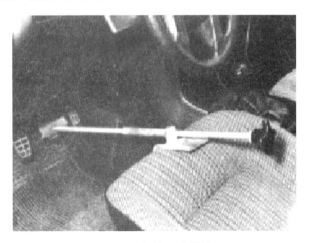

图 3.8　安装制动器锁

（2）在四个车轮上，安装多用快速卡具，如图3.9所示。

图3.9　安装卡具

（3）安装传感器，连接通信电缆和转角盘电缆，如图3.10所示。

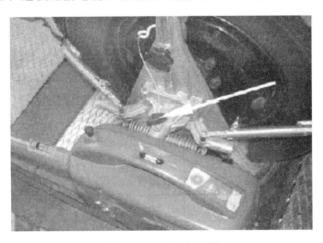

图3.10　安装传感器

（4）测量前的准备工作。

打开测试主机之后，传感器上的电源指示灯亮。进入测量程序的初始状态，按屏幕提示进行操作：按"R"键或相应的位置键激活各个传感器，把传感器放水平后拧紧固定旋钮，水平气泡处在大致中央的位置。

按"F3"键可前进到下一步。屏幕上出现"TEST"，表示系统正在刷新所记忆的上次测量的信息，然后程序开始测量步骤。测量步骤主要分四步，首先是测量前的准备工作，包括输入登记表格，选择车型和偏位补偿。

（5）调整前检测。

完成准备工作后进入调整前检测步骤，屏幕上会出现转向盘对中提示图案。在绿色区域内，表示可以接受的范围，但是在绿色范围左右两侧的测量结果，会相差5'左右。因此，最好是将箭头对中绿色区域的中间黑线处。打转向盘的顺序为：先对中，然后向右 20°，再向左 20°，接着对中。此时屏幕上出现测量得到的前轮前束时。

按"F3"键进入测量最大总转角的步骤。使用电子转角盘的定位仪可以通过这个步骤自动测量出最大总转角。先对中转向盘，然后按照屏幕提示，取下两个前部传感器。待屏幕上显示出测量等待画面后，连续向右打转向盘，直到打不动为止，然后稳定住不松手。等到测量结束后，再连续向右打转向盘，直到打不动为止，然后稳定住不松手。等到测量结束后，屏幕自动显示出所有的测量数据。再装上两个前部传感器，如果测量出的数据中，可调数据有超出允许范围的，则可进入定位调整的步骤。

（6）定位调整。

做定位调整前，先用转向盘锁将转向盘固定成水平状，再升起举升机到合适调整的高度，将举升机锁止在水平安全位置。将 4 个传感器调整为水平状态，再操作定位仪进入定位调整操作。调整程序会先显示车辆后轴个参数的测量值，如果车辆后轴参数是可调的（多数车辆的后轴定位参数是不能调整的），则可参照屏幕上显示的数据进行调整，屏幕显示的数据会随时显示当前调整后的参数数据。后轴定位参数调整完后，按"F3"键可进入前轴调整步骤。前轴外倾角的调整按照车辆底盘的结构可分为两种：一种是需要举升前轴使前轴车轮悬空才能调整外倾角；另一种是不需要举升前轴就可调整外倾角。

（7）调整后检测。

将举升机降回到调整前测量时的高度，将举升机锁止在水平安全位置。进入调整后测量步骤，此时屏幕上显示出当前的两前轮的单独前束值。按"F3"键前进，其余步骤与调整前检测的步骤相同。

（8）结束整理工作。

将结果记录在表 3.1 中。

表 3.1　四轮定位调整测量作业表

班级		姓名		指导教师		日期	
		调整前		调整后		标准值	
主销后倾角	前轮						
	后轮						
主销内倾角	前轮						
	后轮						
前束值	前轮						
	后轮						
车轮外倾角	前轮						
	后轮						

三、评价与反馈

1. 任务实施考核成绩评定（见表 3.2）

表 3.2 四轮定位检查与调整

项目	内容	评分标准	得分
工作着装（5分）	工作服，工作帽	干净整洁为满分　　　　　　　　　　2分	
	安全鞋	着安全鞋为满分　　　　　　　　　　1分	
	有无佩戴金属饰物	工作服上无外漏纽扣、金属饰物为2分	
工作作业流程（45分）	顶起位置1	按照工单项目每项为0.5分，最多扣6分	
	顶起位置2	按照工单项目每项为0.5分，最多扣5分	
	顶起位置3	按照工单项目每项为0.5分，最多扣4分	
	整体作业流程	整体作业流畅 操作顺序工艺流程正确　　　　　　　5分 重复操作每次扣1分，最多扣5分 作业项目未完成，此项为0分 未完成的项目不得分	
设备、工具的使用（15分）	工具使用	正确合理使用（先套筒、后梅花、开口） 选错一次工具扣1分，最多扣3分 熟练程度　　　　　　　　　　2分	
	使用设备的正确性	正确安装夹具、传感器　　　　　　4分 主机操作方法正确　　　　　　　　2分 定位操作方法正确　　　　　　　　2分 数值正确　　　　　　　　　　　　2分	
工作安全（10分）	设备的作业安全	举升机操作过程锁止　　　　　　　1分 举升机操作到位锁止　　　　　　　1分 举升机支撑点正确　　　　　　　　1分 工具跌落落地一次扣1分，最多扣2分 设备落地一次扣1分，最多扣3分 本项最多扣5分	
	操作失误出现受伤或设备受损	操作中手划破碰伤等轻伤扣5分 如出现重大伤害或设备损坏即终止比赛	
5S情况（15分）	车辆防护	防护用品正确使用　　　　　　　　2分 保持车辆清洁　　　　　　　　　　2分 作业完成后清洁车辆　　　　　　　1分	
	工具	工具或零件放在地上　　　　　　　2分 一次扣1分，最多扣2分 工具用后及时复位　　　　　　　　1分	
	场地	场地及时清洁　　　　　　　　　　2分	
	设备	用完工具车、设备及时复位 一项不到位扣1分，最多扣3分	
	废弃物	废弃物及时清理　　　　　　　　　2分	
工单填写情况（5分）		字迹整洁　　　　　　　　　　　　1分 每一工位完成后填写工单　　　　　2分 工单如实填写　　　　　　　　　　1分 工单无漏项、缺项　　　　　　　　1分	
维修人员配合（5分）		指令正确、清晰　　　　　　　　　2分 操作无误　　　　　　　　　　　　2分 配合协调　　　　　　　　　　　　1分	
时间		操作时间为30分钟	

2. 任务过程评价与反馈（见表3.3和表3.4）

表3.3 任务过程评价表

考核项目	评分标准	分数	成绩	过程评价
劳动纪律	有无迟到、早退和旷工	5		
团队合作	是否和谐	5		
活动参与	是否精彩	5		
安全生产	有无安全隐患	10		
操作过程	是否正确、熟练	30		
任务质量	是否圆满完成	10		
工具、设备使用	是否规范、标准	10		
工作页填写	是否完整、规范	15		
现场5S	是否做到	10		
总　　分		100		

注：没有按照操作流程操作，出现人身伤害或设备严重事故，本任务考核结果为0分。

表3.4 任务过程反馈表

反馈内容	回答
你是否完成本学习任务，并得到老师的确认？	
你是否能准确有效地收集、分析和组织完成资料，正确地交流信息？	
你是否已经掌握预期的知识和必备的技能？	
你是否充分使用学习资源和按计划有组织地完成任务？	
操作完成水平： 　上述表格中的项目应为肯定回答。若不是，应咨询老师。你可以要求附加相关活动，以便完成相关的操作技能。 　教师签字：＿＿＿＿＿＿＿＿＿＿＿＿＿＿ 　学生签字：＿＿＿＿＿＿＿＿＿＿＿＿＿＿ 　完成日期：＿＿＿＿＿＿＿＿＿＿＿＿＿＿	

四、学习拓展

表 3.5　全国汽车维修技能大赛四轮定位作业表

汽车四轮定位项目作业表（1）							
参赛号 ＿＿＿＿＿＿＿＿　车型 ＿＿＿＿＿＿＿＿　VIN 号 ＿＿＿＿＿＿＿＿ 生产日期 ＿＿＿＿＿＿　轮胎型号 ＿＿＿＿＿＿　轮胎标准气压 ＿＿＿＿					裁判签字 ＿＿＿＿＿＿		
1 号	2 号	扣分					
			[顶起位置 1]（举升器未升起，在最低位置）		标准说明		
			左侧*代表无左右两侧操作		每侧分数占 1/2		
			左	右	检查车辆停放位置		
			*		（001）检查车辆在举升机上停放整体是否周正		
					（002）检查前轮中心是否基本正对转角盘中心		
					（003）检查后轮是否全部停放在后滑板中间部位		
					（004）检查转角盘的销子是否在锁止状态		
					（005）检查后滑板的销子是否在锁止状态		
					车辆识别		
			*		（006）降下司机侧门窗玻璃		
			*		（007）找到车辆 VIN 码且记录在作业表上		
			*		（008）确定车辆生产年代日期记录在作业表上	仅填写在 1 张作业表上		
			*		（009）找到轮胎型号并且记录在作业表上			
			*		（010）找到轮胎标准气压并且记录在作业表上			
					在定位仪程序中建立用户和车辆档案		
			*		（011）进入客户档案管理界面		
			*		（012）输入比赛用车信息档案（将任一位选手号录入"记录编号"栏目，并在规定位置输入车辆 VIN 号）		
					正确选择车型数据		
			*		（013）根据车型、年份在数据库中找到相应车型		
			*		（014）完成车型数据选择	出现表格为准		
			左	右	准备工作		
			*		（015）安装座椅套		
			*		（016）安装地板垫	参考汽车维护操作 P81		
			*		（017）安装转向盘套		

续表 3.5

				汽车四轮定位项目作业表（1）		
参赛号_____ 车型_____ VIN 号_____					裁判签字_____	
生产日期_____ 轮胎型号_____ 轮胎标准气压_____						
				（018）放置二次举升前部支撑垫块		
				（019）放置二次举升后部支撑垫块		
		*		（020）将换挡杆置于 P 挡位置		
		*		（021）拉起驻车制动杆		
				转向盘位置		
		*		（022）转向盘解锁，检查转向盘是否在正中位置		
		左	右	检查车辆承载		
		*		（023）检查备胎是否安放到位		
		*		（024）检查驾驶室内是否空载		
		左	右	目视检查车身外观		
		*		（025）检查车身是否有严重撞击变形		
				（026）检查车身前部是否倾斜		
				（027）检查车身后部是否倾斜		
				汽车四轮定位项目作业表（2）		
1号	2号	评分				
				[顶起位置2]车轮检查位置	标准说明	
				左侧*代表无左右两侧操作	每侧分数占1/2	
		左	右	举升机操作		
		*	*	（028）升起举升机小剪，使车轮充分悬空	车辆稳定	
		*		（029）操作举升机大剪，升至中位并落安全锁	操作者协作观察保证车辆安全	
				车辆变速箱档位、驻车制动杆调整		
		*		（030）将变速箱换挡杆置于空挡位置		
		*		（031）释放驻车制动杆		
		左	右	检查轮胎轮辋		
				（032）目视检查两个前轮胎是否有裂纹，损坏，异常磨损		
				（033）目视检查两个后轮胎是否有裂纹，损坏，异常磨损		
				（034）目视检查两个前轮胎是否嵌入金属颗粒或异物		
				（035）目视检查两个后轮胎是否嵌入金属颗粒或异物		

续表 3.5

				汽车四轮定位项目作业表（2）		
参赛号_____ 车型_____ VIN 号_____					裁判签字_____	
生产日期_____轮胎型号_____轮胎标准气压_____						
				（036）目视检查两个前轮胎花纹是否一致		
				（037）目视检查两个后轮胎花纹是否一致		
				（038）测量两前轮胎面沟槽深度		（用测量规，四胎纹路深度差小于 2 mm）
				（039）测量两后轮胎面沟槽深度		
				（040）使用胎压表检查或调整前轮气压到达标准		
				（041）使用胎压表检查或调整后轮气压到达标准		
				（042）目视检查前轮轮辋是否过度变形损坏或腐蚀		
				（043）目视检查后轮轮辋是否过度变形损坏或腐蚀		
		左	右	车轮轴承		
				（044）检查两个前车轮有无松旷		
				（045）检查两个后车轮有无松旷		
				（046）检查两个前车轮转动状况和噪声		
				（047）检查两个后车轮转动状况和噪声		
		左	右	在定位仪程序"车辆状况"输入屏幕中，输入轮胎信息		
				（048）前轮气压		
				（049）后轮气压		
				（050）前轮规格		
				（051）后轮规格		
				（052）前轮胎面沟槽深度		
				（053）后轮胎面沟槽深度		
				（054）完成前后轮胎状况选择		
				打印车辆状况报告		
		*		（055）打印检查结果（表格形式）		打印出结果作为分析依据
				汽车四轮定位项目作业表（3）		
1 号	2 号	评分				
				[顶起位置3]升起大剪，安全锁到位，底盘检查位置		标准说明
				左侧*代表无左右两侧操作		每侧分数占1/2
		左	右	举升机操作		底盘目视检查项目

续表 3.5

汽车四轮定位项目作业表（3）									
参赛号_____ 车型_____ VIN 号_____ 生产日期_____轮胎型号_____轮胎标准气压_____								裁判签字_____	
			*			（056）操作举升机大剪，升至高位并落安全锁			
				左	右	检查转向连接机构			
						（057）检查转向拉杆及球头是否松动			
						（058）检查转向拉杆有无弯曲和损坏			
						（059）检查转向拉杆防尘套是否开裂和撕破			
				左	右	检查前轴悬架			
						（060）检查稳定杆有无损坏			
						（061）检查转向节是否损坏			
						（062）检查减震器外观是否变形损坏			
						（063）检查减震器螺旋弹簧是否损坏			
						（064）检查减震器是否漏油			
						（065）检查下摆臂是否损坏			
						检查后轴悬架			
						（066）检查减震器外观是否变形损坏			
						（067）检查减震器螺旋弹簧是否损坏			
						（068）检查减震器是否漏油			
						（069）检查各下臂连杆是否损坏			
						（070）检查拖臂和后桥有无损坏			
						根据现场给出的四轮车身高度判断是否在合格范围	A，B，C，D 值事先给出，满足计算结果合格要求		
						（071）计算前轮高度是否合格	结果报给裁判		
						（072）计算后轮高度是否合格	结果报给裁判		
汽车四轮定位项目作业表（4）									
1号	2号	评分							
						[顶起位置4] 操作举升机大剪降至最低落锁位置，小剪回落到位，定位检测前准备	标准说明		
						左侧*代表无左右两侧操作	每侧分数占1/2		
						举升机操作			
			*			（073）降低大剪举升平台到最低落锁位置落锁			
						（074）举升机小剪缓慢回落，车轮触及平台			
						车辆变速箱档位、驻车制动杆调整			

续表 3.5

汽车四轮定位项目作业表（4）								
参赛号_____ 车型_____ VIN 号_____ 生产日期_____轮胎型号_____轮胎标准气压_____							裁判签字_____	
		*			（075）将换挡杆置于 P 挡位置			
		*			（076）拉起驻车制动杆			
			左	右	定位仪定位准备			
					（077）安装两前轮传感器卡具			
					（078）安装两后轮传感器卡具			
					（079）安装并启动前部两个传感器			
					（080）安装并启动后部两个传感器			

汽车四轮定位项目作业表（6）								
1号	2号	评分						
					[顶起位置6]定位检测位置		标准说明	
					左侧*代表无左右两侧操作		每侧分数占 1/2	
			左	右	举升机小剪回位			
			*		（091）举升机小剪缓慢回落到位			
					（092）检查前轮是否落在转盘中心（必要时可稍微推动车辆）			
					（093）检查后轮是否落在后滑板上			
			左	右	调整前的检测准备工作			
					（094）按动车辆前部数次，使减震器复位			
					（095）按动车辆后部数次，使减震器复位			
			*		（096）使用刹车锁顶住脚刹车踏板			
			左	右	按照程序检测车辆			
			*		（097）车轮方向对中			
					（098）检查两前轮传感器是否水平，必要时调整			
					（099）检查两后轮传感器是否水平，必要时调整			
					（100）按照程序引导，分别向左、右 20° 转向操作			
			*		（101）当屏幕显示前轮前束值时，按"前进图标"，屏幕显示检测报告			
					打印检测报告			
			*		（102）打印检测结果（表格形式）		打印出结果作为分析依据	
			左	右	将传感器放回机柜，进行充电			

续表 3.5

汽车四轮定位项目作业表（6）										
参赛号_____ 车型_____ VIN号_____ 生产日期_____ 轮胎型号_____ 轮胎标准气压_____									裁判签字_____	

								(103)前部传感器放回充电位置		
								(104)后部传感器放回充电位置		

汽车四轮定位项目作业表（7）					
1号	2号	评分	[顶起位置7] 设备复位和工位整理、清洁		标准说明
			左侧*代表无左右两侧操作	举升机操作1	如有左右操作，单侧分数为数栏分数的一半
		*		（105）升起举升机小剪，使车轮悬空	
	左	右	插入转角盘和后滑板的固定销		
			（106）将两个前轮转角盘固定销插入		
			（107）将两个后轮滑板固定销插入		
			举升机操作2		
		*		（108）举升机小剪缓慢回落到位	
	左	右	定位仪复位		
		*		（109）拆除刹车锁，并放至规定位置	
			（110）拆下两前轮卡具，并放至规定位置		
			（111）拆下两后轮卡具，并放至规定位置		
		*		（112）按C键使定位仪程序复位	
			举升机操作3		
		*		（113）操作举升机大剪回到最低位置	
			工位整理		
			（114）升车窗玻璃		
			（115）取下车内三件套		
			*	（116）关闭车门（不锁），将钥匙和记录表交给裁判	

学习任务四　液压动力转向系统检修

任务描述

　　一辆长安之星汽车,转向沉重,并伴有异响。报修后,维修人员检查发现转向器有渗漏,转向助力液不足,需对转向系统进行检修。

学习目标

通过本学习任务的学习,应当能:

1. 知道转向系统的功用和组成;
2. 掌握转向器的类型、结构及工作原理;
3. 知道液压动力转向系统的类型、结构和工作原理;
4. 进行齿轮齿条式转向器的拆装维护;
5. 小组密切合作,确定并完成液压动力转向系统的基本检查项目。

建议学时

6学时。

学习内容

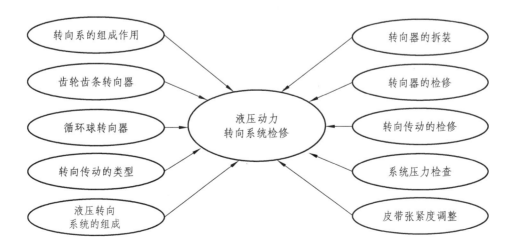

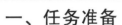
一、任务准备

引导问题 1：转向系统的作用是什么？

转向系统是指由驾驶员操纵，能实现转向轮偏转和回位的一套机构。当汽车需要改变行驶方向时，必须使转向轮绕主销轴线偏转一定角度，直到新的行驶方向符合驾驶员的要求时，再将转向轮恢复到直线行驶的位置。

转向系统的基本功用是改变或保持汽车的行驶方向，按照驾驶者的意愿，保持汽车稳定的行驶路线。

引导问题 2：转向系统基本组成有哪些？

汽车转向系统按转向使用动力的不同分为机械转向系统和动力转向系统两大类。

机械转向系统以驾驶员的体力作转向动力源。动力转向系统除了驾驶员的体力外，还以汽车的动力作为辅助转向能源，主要有液压式和电动式的动力转向系统。

如图 4.1（a）所示，机械转向系统由转向盘、转向柱、转向器和转向传动杆系等几大部分组成。动力转向系统除前述部分外，还有相应的液压系统或电子管理系统。

转向柱将转向盘的转向力传送到转向器，通过转向器的减速增扭，将增大了的扭矩传送到转向传动杆系，最后由转向传动杆系将转向器的运动传递至转向轮。

转向盘由塑料制成，内有钢制骨架，通过花键将转向盘毂与上转向柱相连并用螺母固定；转向柱上端支承在衬套内，由两个螺栓固定在驾驶室仪表板上，通过花键将转向盘毂相连；下端与转向器通过滑动叉万向节相连。

转向柱要将驾驶员操纵转向盘的力传给转向器，同时为了驾驶员的舒适驾驶，还要求转向操纵机构可以进行调节，以满足不同驾驶员的需求。为了防止事故对驾驶员的伤害，还要求转向柱具有安全保护装置，如图 4.1（b）所示。

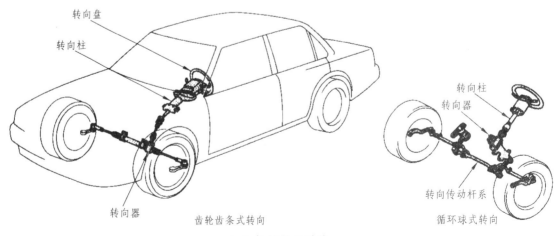

齿轮齿条式转向　　　　　　　　循环球式转向

（a）机械转向系统

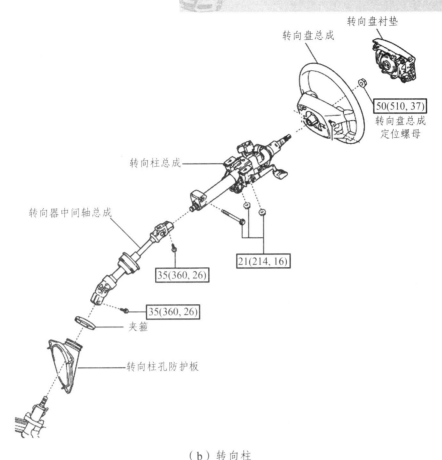

转向盘衬垫

转向盘总成

50(510, 37)
转向盘总成
定位螺母

转向柱总成

转向器中间轴总成

21(214, 16)

35(360, 26)

35(360, 26)

夹箍

转向柱孔防护板

（b）转向柱

图 4.1　转向系统

引导问题 3：转向器的功用是什么？

转向器是转向系统中的降速增矩传动装置，其功用是增大由转向盘传到转向节的力，并改变力的传动方向。

按转向器中传动副的结构形式分，可以分为循环球式、齿轮齿条式、蜗杆曲柄指销式、蜗杆滚轮式等几种。其中常用的有齿轮齿条式和循环球式两种。

转向器还可以分为可逆式转向器、极限可逆式转向器和不可逆式转向器。

可逆式转向器是指正、逆传动效率都很高的转向器。这种转向器有利于汽车转向后转向轮的自动回正，转向盘"路感"很强，但也容易在坏路行驶时出现"打手"，所以主要应用于经常在良好路面行驶的车辆。

极限可逆式转向器是指正传动效率远大于逆传动效率的转向器。这种转向器能实现汽车转向后转向轮的自动回正，但"路感"较差，只有当路面冲击力很大时才能部分地传到转向盘，主要应用于中型以上的越野汽车、工矿用自卸汽车等。

不可逆式转向器是指逆传动效率很低的转向器，这种转向器使驾驶员不能得到路面的反馈信息，没有"路感"，而且转向轮也不能自动回正，所以很少采用。

注：转向器传动效率是指转向器输出功率与输入功率之比。当功率由转向盘输入，从转向摇臂输出时，所求得的传动效率称为正传动效率；反之，转向摇臂受到道路冲击而传到转向盘的传动效率则称为逆效率。

引导问题4：齿轮齿条式转向器是怎么工作的？

装备齿轮齿条式转向器的转向系统如图4.2所示。齿轮齿条式转向器，它主要由转向器壳体、转向齿轮、转向齿条等组成；转向器通过转向器壳体用螺栓固定在车身（车架）上。齿轮轴通过轴承、滚柱轴承垂直安装在壳体中，其上端通过花键与转向柱上的万向节相连，其下端是与轴制成一体的转向齿轮。

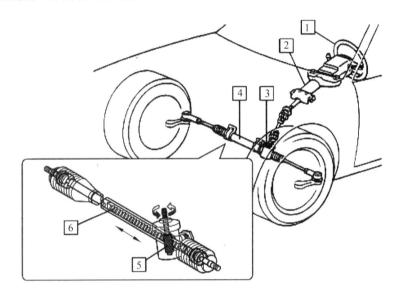

图4.2　转向系统-齿轮齿条式转向器

1—转向盘；2—转向柱和转向柱管；3—转向器；4—齿条壳体；5—小齿轮；6—齿条

转向器结构如图4.3所示。转向齿轮是转向器的主动件，它与相啮合的从动件转向齿条水平布置，齿条背面装有压簧垫块。在压簧的作用下，压簧垫块将齿条压靠在齿轮上，保证二者无间隙啮合。调整螺塞可用来调整压簧的预紧力。压簧不仅起消除啮合间隙的作用，而且还是一个弹性支承，可以吸收部分振动能量，缓和冲击。

转向齿条通过球节与左、右转向横拉杆连接。转动转向盘时，转向齿轮转动，与之相啮合的转向齿条沿轴向移动，从而使左、右转向横拉杆带动转向节转动，使转向轮偏转，实现汽车转向。

此种转向器将转向盘的转动变为转向齿条的左右运动。构造简单轻便，转向盘的反应非常灵敏。

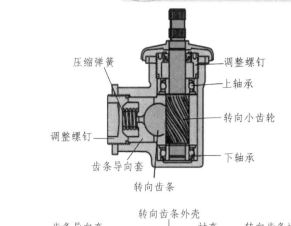

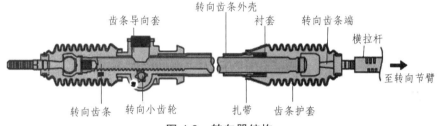

图4.3　转向器结构

引导问题5：循环球式转向器是怎么工作的？

与齿轮齿条式转向器类似，循环球式转向器主要由转向器壳体、转向螺杆、螺母、扇形齿轮轴等组成。转向器通过转向器壳体用螺栓固定在车身（车架）上。螺杆通过轴承安装在壳体中，其上端通过花键与转向轴上的万向节相连，扇形齿轮轴通过转向摇臂与转向杆系相连。装备循环球式转向器的转向系统如图4.4所示。

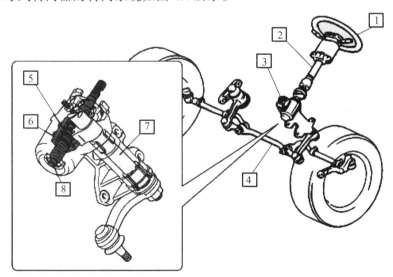

图4.4　转向系统-循环球式转向器

1—转向盘；2—转向柱和转向柱管；3—转向器；4—转向传动杆；5—钢球；
6—螺母；7—扇形齿轮轴；8—转向螺杆

循环球式转向器结构如图4.5所示。

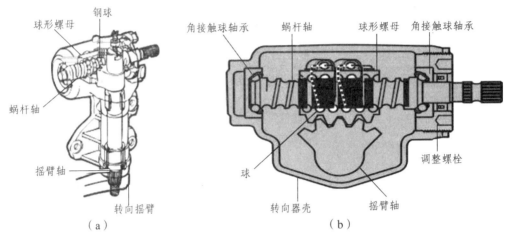

（a）　　　　　　　　　　　　　　（b）

图4.5　循环球式转向器结构

1. 工作过程

循环球式转向器有两级传动副，第一级传动副是转向螺杆-螺母；螺母的下平面加工成齿条，与齿扇轴内的齿扇相啮合，构成齿条—齿扇第二级传动副。显然，转向螺母即是第一级传动副的从动件，也是第二级传动副的主动件。通过转向盘转动转向螺杆时，转向螺母不能随之转动，而只能沿杆轴向移动，并驱使齿扇轴（即摇臂轴）转动。

在转向螺杆上松套着转向螺母。为了减少它们之间的摩擦，二者的螺纹并不直接接触，其间装有许多钢球，以实现滚动摩擦。当转动转向螺杆时，通过钢球将力传给转向螺母，使螺母沿螺杆轴向移动。随着螺母沿螺杆作轴向移动，其齿条便带动齿扇绕着转向摇臂轴作圆弧运动，从而使转向摇臂轴连同摇臂产生摆动，通过转向传动机构使转向轮偏转，实现汽车转向。

转向螺母下平面上加工出的齿条是倾斜的，与之相啮合的是变齿厚齿扇。只要使齿扇轴相对于齿条作轴向移动，便可调整二者的啮合间隙。调整螺钉旋装在侧盖上。

2. 调　整

循环球式转向器有两项调整内容：

（1）轴承预紧度调整：转向螺杆支承在两个轴承上，轴承的预紧度可用拧动调整螺栓（增减调整垫片）的方法调整。

（2）啮合间隙调整：

① 使转向器的传动副处于中间位置（直行位置）。

② 通过调整螺钉，调整转向器传动副的啮合间隙，在直线位置上应呈无间隙啮合。

③ 调整合格后，按规定力矩锁紧调整螺钉。

引导问题6：为什么有不同的转向传动杆系？

转向传动杆系由各种"杆"和"臂"组合而成，其作用是将转向器的运动传输至转向轮。由于在车辆行驶过程中，车轮会持续上下跳动。因此，转向传动杆系能否精确地传输转向动作，对行驶稳定性有很大的影响。

1. 适用于非独立悬架的转向传动杆系

装备非独立悬架车辆的转向传动杆系，由转向臂、直拉杆、转向节臂、转向横拉杆构成，如图 4.6 所示。在这种传动杆系中，由于车轮的上下跳动不会改变轮距及相对位置，所以可以使用一条转向横拉杆连接左右转向节臂。

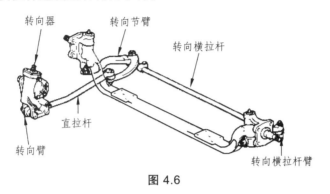

图 4.6

2. 适用于独立悬架的转向传动杆系

装备独立悬架的车辆，其左右前轮的跳动是各自独立进行的，各车轮的位置变化不同步。因此，独立悬架的转向传动杆系使用两条转向横拉杆。这两条横拉杆由一条中继杆连接起来（在齿轮齿条式转向器中，齿条本身起着中继杆的作用）。在转向横拉杆及球头之间，设置有用于调节前束的调节管，如图 4.7 所示。

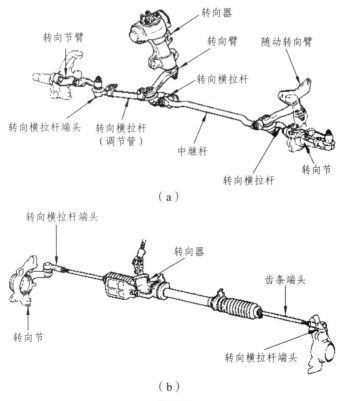

（a）

（b）

图 4.7

引导问题 7：转向减震器起什么作用？

如图 4.8 所示，转向减震器安装在转向传动杆系与车身之间，其作用是缓冲从车轮传输到转向盘的逆向冲击和振动，提高汽车行驶的稳定性和乘坐的舒适性。

与悬架减震器不同，转向减震器要缓冲的是车轮的左右摆动，因而它的减震特性是对称的，即拉伸和压缩行程有相等的阻力。

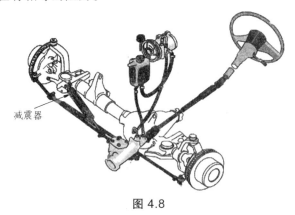

减震器

图 4.8

引导问题 8：什么是液压动力转向？

对于转向系统来说，对转向的灵敏性和操纵的轻便性有很高的要求。高的转向灵敏性，要求转向器具有小的传动比；好的操纵轻便性，则要求转向器具有大的传动比。可见这是一对矛盾，普通的机械转向系统很难兼顾汽车的转向灵敏性和操纵的轻便性。为解决这一矛盾，越来越多的车辆采用了动力转向装置。

液压动力转向装置由转向油泵、转向动力缸、转向控制阀等组成。此动力转向系统利用发动机动力来驱动叶轮泵，产生液压。当转动转向盘时，通过控制阀使油路分别与动力缸的进油和回油管道连通。当油压作用于动力缸内的动力活塞时，操纵转向盘所需的动力就减小。转向控制阀与转向柱联动，并控制液压油流向，使助力方向与转向盘转动方向一致。图 4.9（a）和（b）分别表示左转向和右转向时的工作情况。

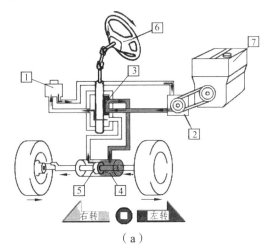

（a）

1—储油罐；2—叶轮泵；3—控制阀；4—动力缸；5—动力活塞；6—转向盘；7—发动机

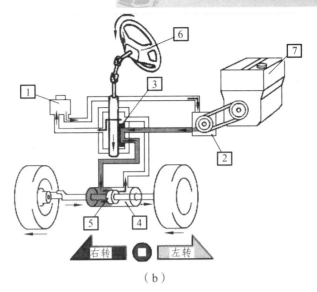

（b）

1—储油罐；2—叶轮泵；3—控制阀；4—动力缸；5—动力活塞；6—转向盘；7—发动机

图 4.9

二、任务实施

引导问题 9：完成本任务，需要使用的主要工、量具有哪些？

（1）工具套件，如图 4.10（a）所示。
（2）百分表和磁力表座，如图 4.10（b）所示。

（a）

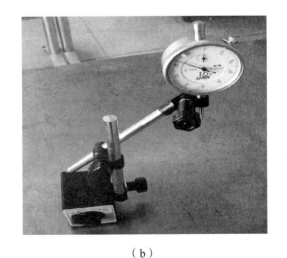

（b）

图 4.10

（3）扭矩扳手，如图 4.11（a）所示。
（4）球头取出器，如图 4.11（b）所示。

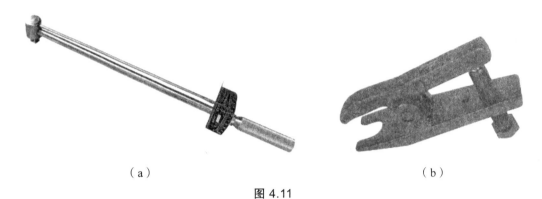

| （a） | （b） |

图 4.11

（5）胶榔头。

（6）维修资料。

（7）专用工具。

*将完成盘式制动器检修任务，需要用到的工量具、设备和材料登记在表 4.1 中。

表 4.1　工量具、设备材料名称及型号

序号	名称	规格	数量	备注

引导问题 10：如何拆解齿轮齿条式转向器？

齿轮齿条式动力转向器结构如图 4.12 所示。

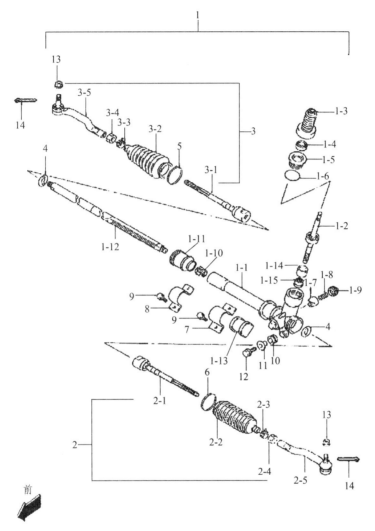

图 4.12

1—转向器总成：

1-1—转向器壳体总成；1-2—小齿轮总成；1-3—转向器壳体防尘罩；1-4—油封；1-5—轴承螺塞；

1-6—O 形密封圈；1-7—齿条支承；1-8—弹簧；1-9—调整螺塞；1-10—齿条衬套；

1-11—齿条侧衬套；1-12—转向齿条；1-13—小齿轮侧衬套；

1-14—小齿轮衬套；1-15—滚针轴承总成

2—转向拉杆总成（右）：

2-1—转向横拉杆总成；2-2—转向小齿轮体防尘罩；2-3—O 形弹性卡箍；

2-4—转向横拉杆锁止螺母；2-5—横拉杆端接头总成（右）

3—转向拉杆总成（左）：

3-1—转向横拉杆总成；3-2—转向齿条侧防尘罩；3-3—O 形弹性卡箍；3-4—转向横拉杆锁止螺母；

4—转向横拉杆固定垫圈；5—卡箍；6—卡箍 7—小齿轮侧托架；8—齿轮侧托架；

9—六角法兰面螺栓；10—上安装胶套；11—下安装胶套；

12—六角法兰面螺栓；13—螺母；14—开口销

拆解齿轮齿条式转向器的简要步骤如下：

准备：将液压系统内的液压油充分释放，断开管道与转向器接头。

（1）拆下转向柱下端滑动十字万向节螺钉，将万向节向上推，脱开转向小齿轮与转向轴的连接，如图 4.13 所示。

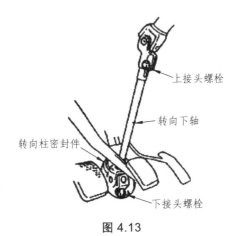

上接头螺栓

转向下轴

转向柱密封件

下接头螺栓

图 4.13

（2）拆下横拉杆端头球头螺母，使用拆卸器，从转向节处将转向横拉杆端头拆开，如图 4.14 所示。

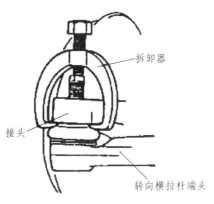

拆卸器

接头

转向横拉杆端头

图 4.14

（3）松开转向器固定螺钉 4 个，取下转向器总成，如图 4.15 所示。

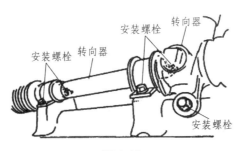

安装螺栓 转向器

安装螺栓 转向器

安装螺栓

图 4.15

（4）拧松转向横拉杆紧固螺母，将转向横拉杆端头与转向横拉杆端头紧固螺母拆开。为便于安装调整，横拉杆螺纹的转向横拉杆端头紧固螺母处作上标记，如图4.16所示。

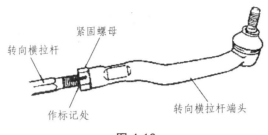

图 4.16

（5）拆下防尘罩金属丝和卡箍，从转向横拉杆处拆下防尘罩，如图4.17所示。

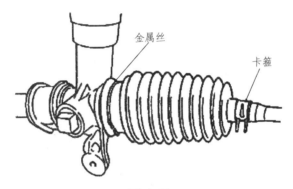

图 4.17

（6）冲开转向横拉杆锁紧垫圈弯曲件，如图4.18所示。

注意：左右横拉杆应做好记号。

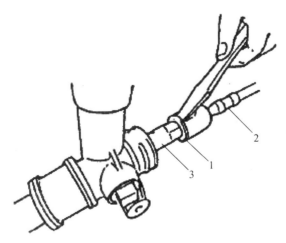

图 4.18

1—锁紧垫圈；2—转向横拉杆；3—转向齿条

（7）从齿条处拆下转向横拉杆，另外使用一只扳手卡住齿条，如图 4.19 所示。

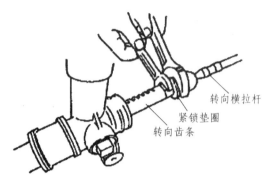

转向横拉杆
紧锁垫圈
转向齿条

图 4.19

（8）松开调整螺塞，锁紧螺母，如图 4.20 所示。

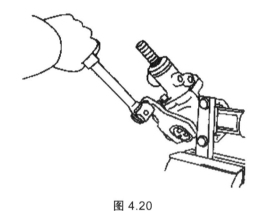

图 4.20

（9）拆下调整螺塞，从调整螺塞开口处拆下弹簧、齿条导座及支座，如图 4.21 所示。

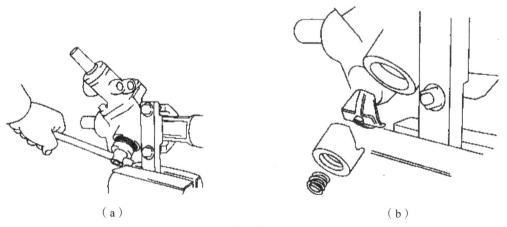

（a）　　　　　　　　　　　　　　　　　（b）

图 4.21

（10）用合适的会筒扳手、接杆拆下齿轮壳体端盖，如图 4.22 所示。

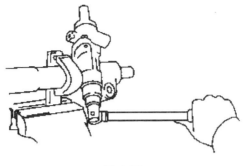

图 4.22

（11）松开并拆下齿轮轴端部自锁螺母，如图 4.23 所示。

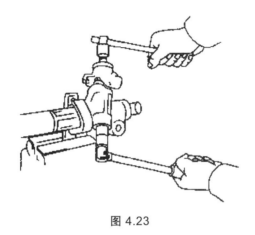

图 4.23

（12）将控制阀与上轴承连同油封一起取出。用塑料锤轻轻敲打如图 4.24 所示的位置，以便从壳体内取出小齿轮总成。

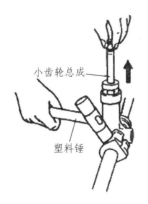

小齿轮总成

塑料锤

图 4.24

（13）将液压缸限位器顺时针转动，直到钢丝末端从转向器壳体的孔中出来，再用专用工具逆时针转动限位器，将钢丝从壳体的孔中拆下，如图 4.25 所示。

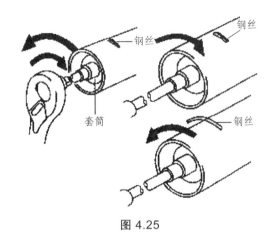

图 4.25

（14）从小齿轮的对侧将齿条拆出，如图 4.26 所示。

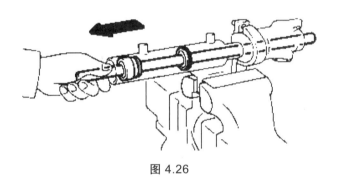

图 4.26

引导问题 11：如何检查齿轮齿条式动力转向器？

（1）转向小齿轮组件。

如图 4.27 所示，检查小齿轮的齿面是否磨损或损坏；检查油封是否损坏。任何零件如有损坏，需更换。

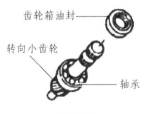

图 4.27

（2）如图 4.27 所示，检查转向小齿轮轴承。检查轴承的旋转状态，检查是否磨损。

（3）如图 4.28 所示，检查齿条是否有偏差、磨损或者损坏；检查背面是否磨损或者损坏。齿条偏差范围：0.1 mm。如果偏差超过范围，应更换齿条。

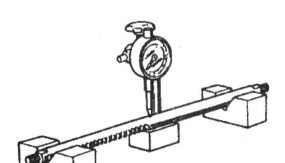

图 4.28

引导问题 12：如何组装齿轮齿条式动力转向器？

按照分解相反的顺序重新组装，应注意以下几点：

（1）将油封施涂润滑脂，再安装到小齿轮上。

（2）将齿条安装到壳体之前，在齿条齿表面及周边施加润滑脂。

（3）按图 4.29 所示方向，装入齿条。

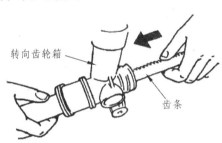

图 4.29

（4）装入限位器，如图 4.30 所示。

① 推入限位器，直至金属线安装孔露出为止；

② 将新的金属线尾端装入安装孔；

③ 顺时针转动限位器，直至金属线完全装入。

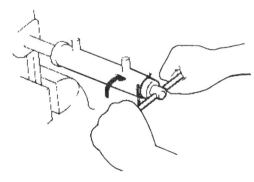

图 4.30

（5）安装带上轴承和油封的转向小齿轮，拧紧齿轮下端螺母。

（6）安装齿条导座、弹簧及调整螺塞。

（7）按规定力矩拧紧调整螺塞，检查小齿轮旋转力矩是否达到规定值，如图4.31所示。

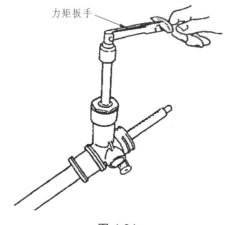

力矩扳手

图 4.31

（8）检查齿轮齿条是否在其运动范围内平滑运动。

（9）按顺序安装其他零部件，注意区分零件位置。

引导问题 13：如何检查储液罐液面高度？

转向储油罐的功用是储存、滤清、冷却动力转向系统工作油液，其表面有不同方式表示的液面高度要求。如果液面高度太低，将使动力转向系统渗入空气，造成汽车转向操作不稳，忽轻忽重或有噪声。

转向储油罐液面的检查步骤如下：

（1）将车辆停放在平坦的地面上，使前轮处于直行位置。

（2）启动发动机，并使其达到正常的工作温度。

（3）使发动机怠速运转大约 2 min，左、右打几次转向盘，使油温达到 40~80 ℃，关闭发动机。

（4）观察储油罐的液面，此时液面应处于"MAX"（上限）与"MIN"（下限）之间，液面低于"MIN"时，应加至"MAX"，如图4.32所示。

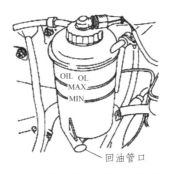

OIL OL
MAX
MIN

回油管口

图 4.32　转向储油罐油面的检查

（5）对于用油尺检查的汽车：拧下带油尺的封盖，用布将油位标尺擦净，将带油尺的封盖插入储油罐内拧好，然后重新拧出，观察油尺上的标记，应处于"MAX"与"MIN"之间，必要时将转向油加至"MAX"处。

引导问题 14：如何进行转向油泵皮带张紧力的检查与调整？

1. 检　查

方法一：静止时，用手以约 100 N 的力从皮带的中间位置按下，皮带应有约 10 mm 挠度为合适，否则必须调整。

方法二：也可使用如图 4.33 所示的皮带张紧度测量表。将测量表安装在驱动皮带上，然后测量皮带产生标准变形量时所需力的大小。

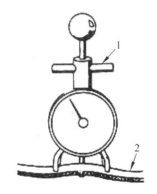

图 4.33　皮带张紧度测量表

1—测量仪；2—皮带

记录结果在表 4.2 中。

表 4.2　各种尺寸的皮带的张紧度

皮带	皮带宽度/mm		
	8.0	9.5	12.0
新皮带	最大 350 N	最大 620 N	最大 750 N
旧皮带	最大 200 N	最大 300 N	最大 400 N
带齿皮带	最大 250 N		

提示：应定期检查皮带的张紧力，必要时更换。

2. 调　整

（1）松开转向油泵支架上的后固定螺栓，如图 4.34 所示。

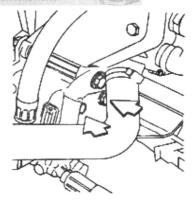

图 4.34　松开后固定螺栓

（2）松开张紧螺栓的螺母，如图 4.35 所示。

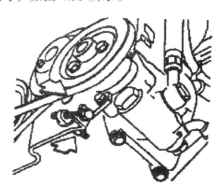

图 4.35　松开张紧螺栓的螺母

（3）通过张紧螺栓把皮带绷紧，如图 4.36 所示。当用手以约 100 N 的力从皮带的中间位置按下，皮带约有 10 mm 挠度为合适。

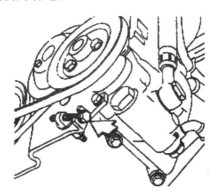

图 4.36　张紧皮带

（4）拧紧张紧螺栓的螺母。拧紧转向油泵支架上的固定螺栓。

引导问题 15：如何检查系统压力？

如图 4.37 所示，接好压力表和节流阀。

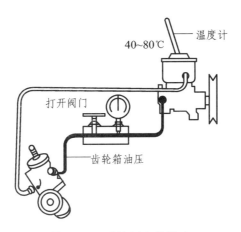

图 4.37 系统压力的检查

（2）将节流阀打开，启动发动机并以怠速运转，使转向盘向左、右旋转到极限位置，同时读出压力表上的压力。

（3）如果向左或向右的额定值达不到要求，就要修理转向器或更换总成。

提示：如果动力转向系统出现失效或转向沉重等故障，应检查转向油泵和系统的工作压力。

引导问题 16：如何检查转向盘自由行程？

转向盘自由行程是转向系统的机械间隙在转向盘周向上的反映。它间接反映出转向系统所有机械间隙的总和的大小。一般转向盘的自由行程不大于 30 mm。

检查转向盘自由行程应在车轮朝向正前方时进行，如图 4.38 所示，如果不在技术规定的范围之内，可能由于以下原因所致：

（1）转向横拉杆球头磨损松旷。

（2）悬臂下球头磨损松旷。

（3）小齿轮或齿条磨损或其他缺陷。

（4）零件松动。

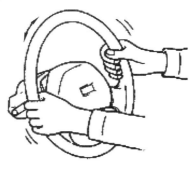

图 4.38

三、评价与反馈

1. 任务实施考核成绩评定（见表4.3）

表4.3　技能考核标准

序号	项目	操作内容	规定分	评分标准	得分
1	准备	清点工具、量具；清理工位	5分	酌情扣分	
2	拆卸	拆下调整螺塞锁紧螺母、螺塞、弹簧及导向块	5分	操作不当扣1～5分	
		拆下下端盖螺栓	5分	操作不当扣1～5分	
		拆下小齿轮下端螺母	5分	操作不当扣1～5分	
		取出小齿轮组件	5分	操作不当扣1～5分	
		分解小齿轮组件：油封、轴承、小齿轮	5分	操作不当扣1～5分	
		取出钢丝及限位器	5分	操作不当扣1～5分	
		取出齿条	5分	操作不当扣1～5分	
3	检测	检查齿条跳动	5分	操作不当扣1～5分	
		检查小齿轮	5分	操作不当扣1～5分	
4	装配	安装齿条	5分	操作不当扣1～5分	
		安装限位器和钢丝	5分	操作不当扣1～5分	
		安装下轴承，上轴承安装到小齿轮上，并将组件安装到壳体	5分	操作不当扣1～5分	
		安装小齿轮下端螺母	5分	操作不当扣1～5分	
		安装小齿轮油封	5分	操作不当扣1～5分	
		安装下端盖	5分	操作不当扣1～5分	
		安装导向块、弹簧、螺塞及锁紧螺母	5分	操作不当扣1～5分	
5	时间	45 min	5分	超时1～10 min扣1～5分 超时10 min以上扣5分	
6	安全文明	无安全隐患，无不文明操作	5分	未达标扣1～5分	
7	结束	工具、量具清洁归位；工作场地清洁	5分	漏一项扣1分，未做扣5分	
		总　　分	100分		

注：若使用转向器总成件则省略前两步。

2. 任务过程评价与反馈（见表4.4、表4.5）

表4.4　任务过程评价表（教师填写）

考核项目	评分标准	分数	成绩	过程评价
劳动纪律	有无迟到、早退和旷工	5		
团队合作	是否和谐	5		
活动参与	是否精彩	5		
安全生产	有无安全隐患	10		
操作过程	是否正确、熟练	30		
任务质量	是否圆满完成	10		
工具、设备使用	是否规范、标准	10		
工作页填写	是否完整、规范	15		
现场5S	是否做到	10		
总　　分		100		

注：没有按照操作流程操作，出现人身伤害或设备严重事故，本任务考核结果为0分。

表4.5　任务过程反馈表（学生填写）

反馈内容	回答
你是否完成本学习任务，并得到老师的确认？	
你是否能准确有效地收集、分析和组织完成资料，正确地交流信息？	
你是否已经掌握预期的知识和必备的技能？	
你是否充分使用学习资源和按计划有组织地完成任务？	
操作完成水平： 上述表格中的项目应为肯定回答。若不是，应咨询老师。你可以要求附加相关活动，以便完成相关的操作技能。 教师签字：_____ 学生签字：_____ 完成日期：_____	

四、学习拓展

转阀式动力转向器的工作：

如图 4.39 所示，动力油缸里的活塞固定于齿条上，液压泵所产生的油液压力作用于活塞，从而推动齿条运动。活塞上有密封圈，同时油缸的两侧还有油封来防止油液溢出。

控制阀轴连接到转向柱上。当转向盘处于中间位置时，控制阀也处于中间位置，这样，来自液压泵的油液对两个油室不起作用，回流到储液罐。当转向盘转动时，控制阀改变通道，油液流入其中一个油室；另一个油室中的油液被排出，通过控制阀回到储液罐。

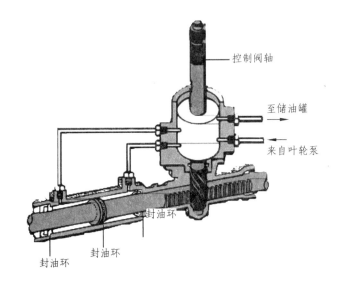

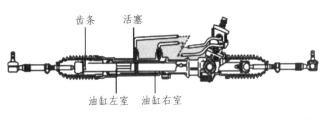

图 4.39

目前有三种不同类型的控制阀：滑阀、转阀和瓣阀。使用广泛的是转阀式。所有类型在控制阀与小齿轮之间都布置有扭矩杆，而且控制阀是按照施加到扭矩杆上的扭转量来起作用的。

如图 4.40 所示，控制阀轴和小齿轮用扭矩杆连接，控制阀和小齿轮用销固定并整体转动。如果没有液压泵的液压，扭矩杆就完全扭转，控制阀轴和小齿轮在制动器处接触，所以，控制阀轴的扭矩便会直接作用在小齿轮上，带动小齿轮转动，再带动齿条，也就是说，此时与手动转向一样，将转向盘扭矩通过控制阀传递到小齿轮。

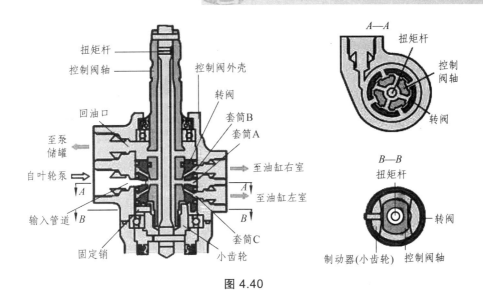

图 4.40

工作原理：

如图 4.41 所示，阀轴与转阀的相对旋转运动对液压油路起到了限制作用。当向右转向时，压力在节流孔 X 和 Y 处受到限制。当向左转向时，压力在节流孔 X′和 Y′处受到限制。

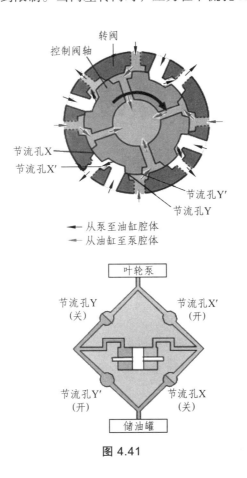

图 4.41

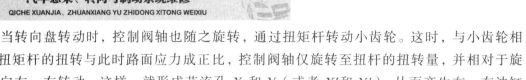

当转向盘转动时，控制阀轴也随之旋转，通过扭矩杆转动小齿轮。这时，与小齿轮相比，扭矩杆的扭转与此时路面应力成正比，控制阀轴仅旋转至扭杆的扭转量，并相对于旋转阀向左、右转动。这样，就形成节流孔 X 和 Y（或者 X'和 Y'），从而产生左、右油缸室之间的液压差，照这样，控制阀轴的旋转便通过这种转动形式，直接改变油路和调节液压差。

来自叶轮泵的油液从旋转阀的外围进入，然后从扭杆和控制阀轴之间回流到储油罐。

（1）中间位置。

如图 4.42 所示，当控制阀轴不旋转时，它相对于旋转阀而言处于中间位置。由泵提供的液压油通过孔口"D"和油室"D"回流到储油罐。油缸的左、右室稍稍有些增压。但是，由于在两油室之间没有压差，所以不会产生转向助力。

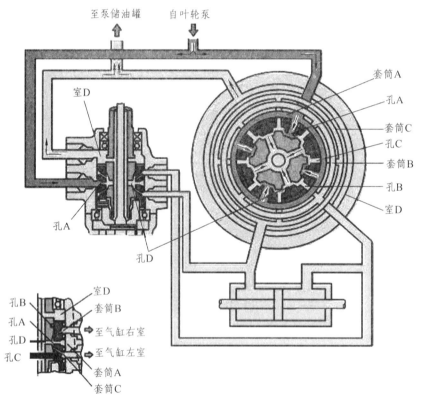

图 4.42

（2）右转向。

如图 4.43 所示，当车辆右转向时，扭矩杆就扭转，控制阀轴也随之向右旋转。控制阀边缘上的节流孔 X 和 Y 阻塞，限制来自液压泵的液压油流至孔口"C"和"D"。因此，液压油只能从孔口"B"流到套管"B"，然后到油缸右室，使齿条移动，由此产生动力转向助力。与此同时，在油缸左室的液压油通过套管"C"→孔口"C"→油室"D"→回流到储油罐。

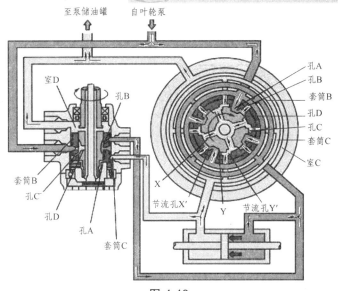

图 4.43

（3）左转向。

如图 4.44 所示，与右转向的情况相同，当车辆左转向时，扭矩杆扭转，控制阀轴随之向左转动。控制阀边缘上的节流孔 X′和 Y′阻塞，限制来自液压泵的液压油流至孔口"B"和"D"。结果，液压油只能从孔口"C"流到套管"C"，然后流到油缸左室，使齿条移动到右边，从而产生动力转向助力。同时，油缸右室里的油液通过套管"B"→孔口"B"→孔口"D"→油室"D"→回流到储油罐里。

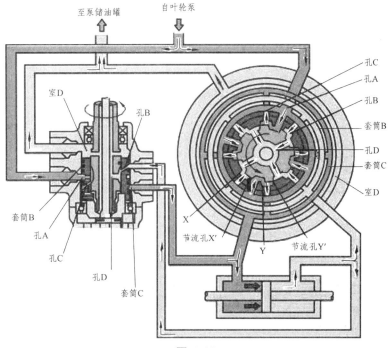

图 4.44

学习任务五　盘式制动器检修

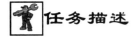 **任务描述**

　　一位顾客的卡罗拉轿车，中速行驶时踩下制动踏板，踏板振动感较强。经检查发现制动盘端面跳动量超过使用极限，需检修。

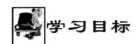 **学习目标**

　　通过本学习任务的学习，应当能：

1. 明确制动器的作用及分类；
2. 明确盘式制动器的结构；
3. 明确盘式制动器的工作原理；
4. 查阅维修手册，规范检修盘式制动器及制动钳；
5. 选择合适的工具与仪器，实施教学计划。

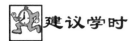 **建议学时**

　　10 学时。

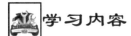 **学习内容**

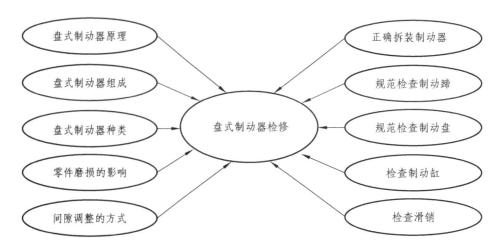

一、任务准备

引导问题 1：制动系统的组成和作用是什么？

汽车制动系统的功用可以概括为三个方面：

（1）行驶中的汽车减速乃至停车；

（2）下坡行驶时保持车速稳定；

（3）停驶的汽车可靠驻车。

使汽车减速、停车是汽车制动系统最基本的功能。以一定速度行驶的汽车，具有一定的动能。要使它减速或停车，路面必须强制地对汽车车轮产生一个阻止汽车行驶的力——制动力，如图 5.1 所示。这个力的方向与汽车行驶的方向相反。制动就是将汽车的动能强制地转化为热能，扩散于大气中，如图 5.2 所示。

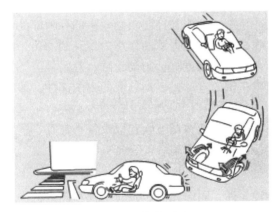

图 5.1　汽车制动

图 5.2　制动能量转换

一般汽车都包括两套独立的制动装置：行车制动装置和驻车制动装置，如图 5.3 所示。

行车制动装置由驾驶员通过脚来操纵，一般称为脚制动，作用是使行驶中的车辆减速或停车，制动器安装在全部的车轮上；驻车制动装置一般由驾驶员用手来操纵，俗称为手制动。通常制动器安装在后部车轮上。

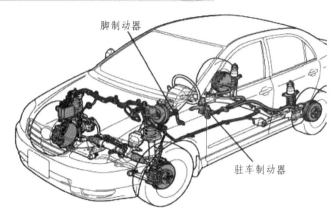

图 5.3　行车制动和驻车制动装置

汽车制动系统一般有以下四个组成部分：

（1）供能装置：包括供给、调节制动所需能量以及改善传能介质状态的各种部件。如气压制动系统中的空气压缩机、液压真空助力系统中的发动机真空源。

（2）控制装置：包括产生制动动作和控制制动效果的各种部件，如制动踏板等。

（3）传动装置：将驾驶员或其他动力源的作用力传到制动器，同时控制制动器的工作，从而获得所需的制动力矩，包括制动主缸、制动轮缸、管路等。

（4）制动器：产生阻碍车辆的运动或运动趋势的力的部件，即制动器的作用是产生汽车制动所需要的制动力。

较为完善的制动系统还包括制动力调节装置以及报警装置、压力保护装置等。

引导问题 2：制动器是如何工作的？

车轮制动器主要由旋转元件，固定元件、张开机构和调整机构组成，根据车轮制动器中旋转元件的不同，可以将车轮制动器分为鼓式和盘式两大类，如图 5.4 所示。

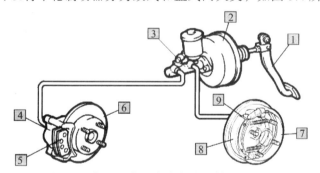

图 5.4　液压制动系统的盘式和鼓式制动器

1—制动踏板；2—制动助力器；3—制动总泵；4—盘式制动器的制动卡钳；5—盘式制动衬块器摩擦片；6—制动器盘；7—制动鼓；8—制动衬片；9—制动蹄片

当踩下制动踏板，制动主缸产生液压，使轮缸动作，推动制动片（蹄）压紧旋转的制动鼓（盘），此时由于产生摩擦使车轮停止转动，如图 5.5 所示。

对盘式制动器而言，制动缸受液压作用，将盘式制动器摩擦片从两侧推靠到与车轮一同旋转的制动盘并产生摩擦，从而阻滞车轮旋转。

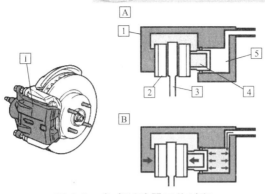

图 5.5 盘式制动器工作过程

A—工作前；B—工作中

1—盘式制动器制动卡钳；2—盘式制动器摩擦片；3—盘式制动器转子；4—活塞；5—油液

引导问题 3：盘式制动器包括哪些组成部分？

盘式制动器的组成包括制动盘、制动块、制动钳（制动缸）、制动钳支架等，如图 5.6 所示是典型的盘式制动器组成。

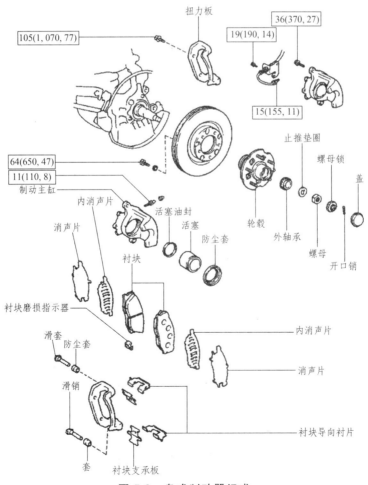

图 5.6 盘式制动器组成

1. 旋转部分

旋转部分为制动盘。通过车轮螺栓与车轮固装在一起，随着车轮一起转动。制动盘通常为金属件，部分车辆使用陶瓷制动盘。

2. 固定部分

固定部分是制动钳和制动片。制动钳通过支架固装在车桥上。制动片由钢片和摩擦材料组合而成，摩擦片采用黏接方式固定于制动蹄上。

3. 张开机构

张开机构的作用是对制动片施加力使其压紧制动盘，产生制动力。盘式制动器使用的张开机构是制动缸。制动缸与制动钳制作为一体。

引导问题 4：什么是定钳盘式制动器？什么是浮钳盘式制动器？

根据盘式制动器卡钳的型式不同，可以将盘式制动器分为定钳盘式制动器和浮钳盘式制动器。

1. 定钳盘式制动器

制动钳固定安装在车桥上，既不能旋转也不能轴向移动，内部的活塞分别布置在制动盘的两侧，另有一条油道横跨制动盘，连通两侧活塞，如图 5.7 所示。制动时，制动液进入两个相通的活塞腔内，两活塞在液压作用下相向而动，将两侧的制动块压在制动盘工作面上，产生制动力。

由于固定卡钳需要的油缸活塞数量较多，生产及安装要求较高，结构复杂，尺寸大，所以应用受限；优点是它能产生较大的制动力。

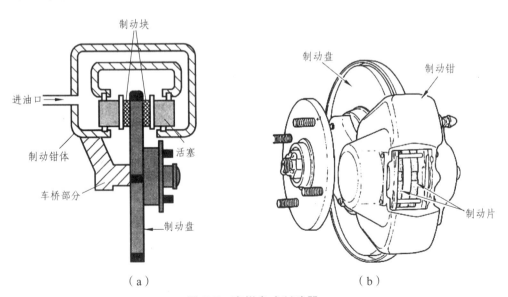

（a）　　　　　　　　　　（b）

图 5.7　定钳盘式制动器

2. 浮钳盘式制动器

制动钳通过导向滑销与车桥相连，可以沿制动盘轴向移动，只在制动盘内侧布设油缸活塞。制动时，液压油进入活塞腔，活塞向外伸出，推动内侧制动块压在制动盘上，于是，制动盘向活塞施加一个反作用力，使活塞连同制动钳整体沿滑销向内侧移动，直至外侧制动块被制动钳压紧在制动盘上。由此，两侧的制动块都被压在制动盘上，夹紧制动盘使其制动，如图5.8所示。

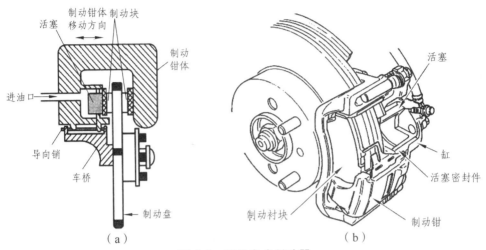

图 5.8 浮钳盘式制动器

引导问题 5：盘式制动器制动块组件有哪些？

制动块组件通常包含制动块、消音垫片、磨损指示器等，如图5.9所示。

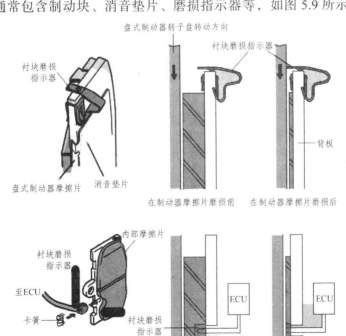

图 5.9 盘式制动器制动块组件

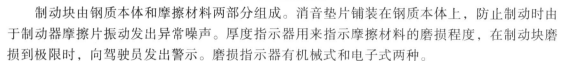

制动块由钢质本体和摩擦材料两部分组成。消音垫片铺装在钢质本体上，防止制动时由于制动器摩擦片振动发出异常噪声。厚度指示器用来指示摩擦材料的磨损程度，在制动块磨损到极限时，向驾驶员发出警示。磨损指示器有机械式和电子式两种。

机械式：磨损到极限时，钢片与制动盘接触，只要车辆行驶，就会发出噪声。

电子式：磨损到极限时，点亮仪表中的警示灯，发出警示。

引导问题 6：有哪些制动盘？

制动盘与车轮一起转动，制动时摩擦片压在制动盘的两侧端面上，产生制动力。

常用的制动盘有三种类型，分别是实心型、通风式制动盘和带驻车鼓式制动器型制动器盘，如图 5.10 所示。

（a）实心型   （b）通风式   （c）带鼓式

图 5.10   常用制动盘类型

（1）实心型，用一单盘转子制成，此种制动盘常用于后轮或前盘后鼓系统的前轮。

（2）通风式制动盘，内部空心。制动盘旋转时，受离心力的作用，空气沿半径方向，从中心向圆周流动，带走大量的热。所以这种制动盘的散热能力特别强。

（3）带驻车鼓式制动器型，这种制动盘适用于后轮，可方便地布置驻车制动机构。

引导问题 7：盘式制动器如何保持恰当的制动间隙？

如图 5.11 所示，制动时，油液被压入内、外两轮缸中，经液压作用的活塞朝制动盘方向移动，推动制动块紧压制动盘，产生摩擦力矩而制动。在此过程中，轮缸槽内的矩形橡胶密封圈的刃边在摩擦力的作用下产生微量的弹性变形。

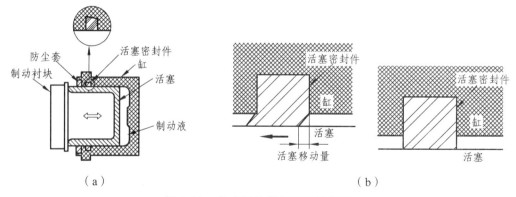

（a）   （b）

图 5.11   盘式制动器间隙自动调整

放松制动时，液压系统压力消除，密封圈恢复到其初始位置，活塞和制动块依靠密封圈的弹力和弹簧的弹力回位。由于矩形密封圈刃边的变形量很微小，在不制动时，摩擦片与盘之间的间隙也很小，它足以保证制动的解除。

矩形密封圈嵌在制动轮缸的矩形槽内，密封圈内圆与活塞外圆配合较紧，制动时活塞被压向制动盘，密封圈发生了弹性变形；解除制动时，密封圈要恢复原状，于是将活塞拉回原位。当制动盘与制动块磨损后，制动器的制动间隙增大，若间隙大于活塞的设置行程时，活塞在制动液压力的作用下，克服密封圈的摩擦阻力而继续前移，直到实现完全制动为止。解除制动时，由于密封圈弹性变形量的限制，密封圈将活塞拉回的距离小于活塞前移的距离，则活塞与密封圈之间这一不可恢复的相对位移便补偿了过量的间隙。

由上述内容可知，对盘式制动器，制动块和制动盘之间的间隙是油活塞密封圈自动调节的，它可以将此间隙维持在正常范围而无须人工调整，也无须另设一套专门的装置来调节此间隙。

二、任务实施

引导问题 8：完成本任务，需要使用的主要工、量具有哪些？

（1）轮胎套筒，如图 5.12 所示。

图 5.12　轮胎套筒

（2）工具套件，如图 5.13 所示。

图 5.13　工具套装

（3）空气枪和压缩空气管，如图5.14所示。

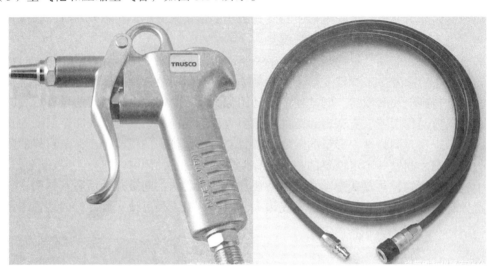

图 5.14　空气枪和空气管

（4）游标卡尺，如图5.15所示。

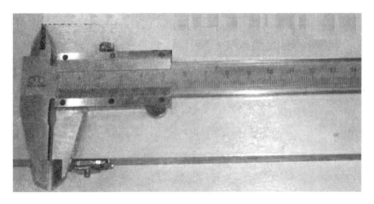

图 5.15　游标卡尺

（5）外径千分尺，如图5.16所示。

图 5.16　外径千分尺

（6）百分表和磁力表座，如图 5.17 所示。

图 5.17 百分表

（7）钢尺，如图 5.18 所示。

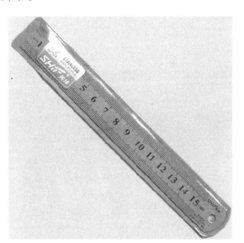

图 5.18 钢尺

（8）扭矩扳手，如图 5.19 所示。

图 5.19 扭矩扳手

*将完成盘式制动器检修任务，需要用到的工量具、设备和材料登记在表 5.1 中。

表 5.1　工量具、设备材料名称及型号

序号	名称	规格	数量	备注

引导问题 9：怎样规范拆解组装盘制动器？

拆解盘式制动器可以按下列操作步骤进行：

（1）按对角线顺序，拧松车轮螺母，如图 5.20 所示。

图 5.20　轮胎螺栓拧松及其顺序

（2）顶升车辆，松脱车轮螺母，拆下车轮，将车轮正确放置，如图 5.21 所示。

图 5.21　放置车轮

（3）拆下两个制动钳定位螺栓。为防止螺栓打转，使用梅花扳手和开口扳手配合，如图5.22所示。

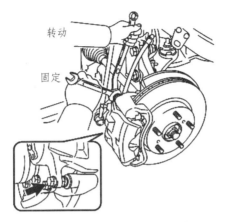

图 5.22　正确拆卸定位螺栓

（4）取下制动钳，用挂钩或软绳将制动钳挂在车架上，如图 5.23 所示。

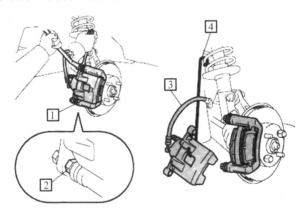

图 5.23　挂住制动钳

（5）取下制动片、制动片衬块等，如图 5.24 所示。

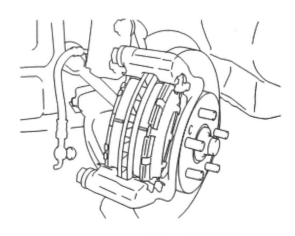

图 5.24　取下制动片、制动片衬块

（6）分离消音垫片、厚度指示器，如图 5.25 所示。

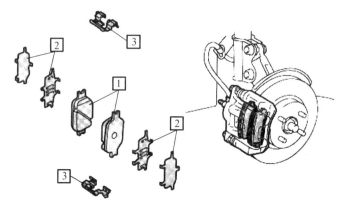

图 5.25　分离制动片组件

（7）如图 5.26 所示，从制动钳支架上拆下盘式制动器制动片 1 号支撑板和 2 号支撑板。

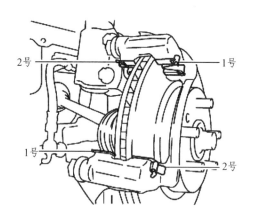

图 5.26　拆下制动片支撑板

（8）拆卸盘式制动器制动缸滑销。

如图 5.27 所示，分别从制动钳支架上拆下上下 2 只滑销。

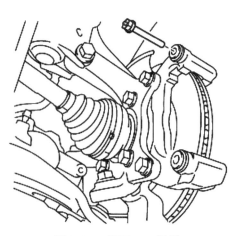

图 5.27　拆下 2 只滑销

（9）如图 5.28 所示，拆卸盘式制动器滑销防尘套 2 只。

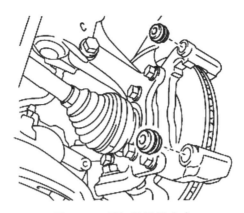

图 5.28　拆卸滑销防尘套

（10）拆卸盘式制动器制动钳支架。

如图 5.29 所示，从转向节上拆下两个固定螺栓，取下制动钳支架。

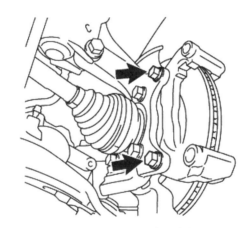

图 5.29　拆下制动钳支架

（11）从车轴凸缘上取下制动盘。

注意：在制动盘和轮毂上做好装配标记，如图 5.30 所示。

装配标记

图 5.30　装配标记

（12）组装盘式制动器的顺序与拆卸相反。

注意各螺栓拧紧力矩（卡罗拉轮胎螺母最终拧紧力矩：103 N·m）。如图 5.31 所示，在消音垫片与钢片间使用专用润滑脂，润滑滑销等，防止润滑脂涂到摩擦表面上。

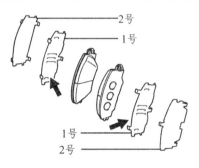

图 5.31　消音片润滑

引导问题 10：怎样检查制动片厚度？

制动片的摩擦材料会随着使用磨损，如果磨损过度，会造成制动时轮缸活塞伸出过多，降低制动效果，甚至导致钢片与制动盘接触。通过测量制动片厚度，可以确定其磨损程度，确保安全使用。

检查制动片厚度时，使用钢尺或游标卡尺，在不同的位置测量 3 次，如图 5.32 所示。取最小值与极限值比较，如果达到或接近极限值，应更换新件。卡罗拉轿车制动片标准厚度 12.0 mm，最小厚度 1.0 mm（仅测量摩擦材料厚度）。

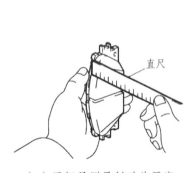
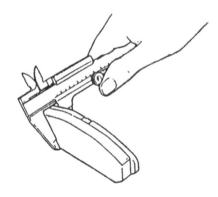

（a）用钢尺测量制动片厚度　　　　　　（b）用游标卡尺测量制动片厚度

图 5.32

注意：制动片应磨损均匀，如果出现了不均匀磨损，应找出原因，排除故障后再更换新件。

引导问题 11：怎样检查制动盘厚度和端面跳动？

与制动片类似，制动盘在使用中也会产生磨损。制动盘使用磨损会使其厚度减小，厚度过小会引起制动踏板振动、制动噪声及颤动。极限情况下可能因为前度不足，在制动力的作用下破裂损毁。

（1）检查制动盘厚度时，可用游标卡尺或千分尺直接测量，如图 5.33 所示。卡罗拉轿车前制动盘标准厚度为 22 mm，使用极限为 19 mm，超过极限尺寸时应予更换。

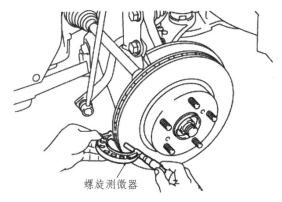

螺旋测微器

图 5.33　测量制动盘厚度

提示：制动盘厚度的测量位置应在距离制动盘边沿大约 10 mm 处，沿圆周方向测量 3～4 个点，以最小值与极限值比较，达到或接近极限值时应更换新件。

（2）制动盘端面圆跳动的检查。

制动盘端面圆跳动过大会使制动踏板抖动或使制动衬片磨损不均匀。检查制动盘端面圆跳动可用百分表进行，如图 5.34（a）所示。若不符合要求可进行机加工修复或更换。卡罗拉轿车制动盘端面圆跳动值小于 0.05 mm。

注意：测量时，应先用车轮螺母将制动盘固定，如图 5.34（b）所示，再将百分表安装到车上，以防止测量时制动盘晃动，影响测量结果的准确性。

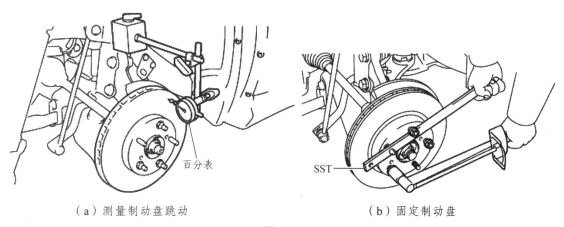

百分表

SST

（a）测量制动盘跳动　　　　　　　　（b）固定制动盘

图 5.34

将以上测量数据记录在表 5.2 中。

表 5.2 盘式制动器检查数据表

	左			右		
	制动片厚度	制动盘厚度	制动盘跳动	制动片厚度	制动盘厚度	制动盘跳动
参考值						
测量值						
结果判断						

引导问题 12：为什么要检查浮钳盘式制动器滑销？如何检查滑销？

由于浮钳盘式制动器要工作时，制动钳要沿滑销表面移动，所以应确保滑销和钳体配合正常，润滑良好。否则会引起制动钳运动受阻，导致制动不良、回位不良、制动拖滞、制动片偏磨等故障。

正确检查滑销，如图 5.35 所示，还应确认：

（1）滑销表面有足够的润滑；

（2）防尘罩完好；

（3）滑销无腐蚀生锈等；

（4）滑销无偏磨；

（5）滑销无弯曲；

（6）在将滑销装入钳体后，用手轻轻拉动滑销，应平滑自如。

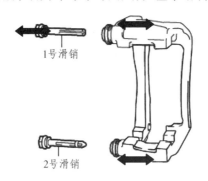

图 5.35 检查滑销

引导问题 13：怎样规范分解检修制动缸？

在盘式制动器中，制动缸与制动钳制作成一个整体，有时也叫卡钳。

1. 分 解

在分解制动钳之前，清洁制动钳四周。分解制动缸方法如下：

（1）如图 5.36 所示，使用螺丝刀，从制动缸上拆下防尘罩定位环和防尘罩。

注意：切勿损坏轮缸活塞或制动缸。为防止操作时误伤零件，在开始工作之前，先在螺丝刀头部缠上胶带。

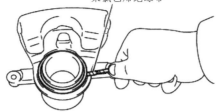

图 5.36　拆下防尘罩

（2）拆卸制动缸活塞。

① 在活塞与制动钳卡爪之间放置一块棉布，如空间足够可以再加上一块木片。

② 从制动软管接头处引入压缩空气，将活塞缓缓吹出，如图 5.37 所示。

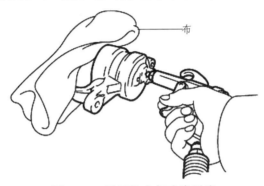

图 5.37　用压缩空气吹出活塞

注意： 控制压缩空气的压力和施加量，否则可能导致活塞直接脱离。

特别注意： 施加压缩空气时，不可将手放在活塞与钳体之间。

（3）如图 5.38 所示，使用一字螺丝刀，从制动缸上拆卸活塞密封圈。

注意： 小心不要损坏制动缸内表面或密封圈凹槽。开始工作之前先在螺丝刀头部缠上胶带。

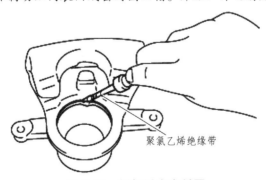

图 5.38　拆卸活塞密封圈

2. 检　查

（1）检查制动缸孔和活塞是否生锈，有划痕等损伤。

（2）检查防尘罩是否完好。如有破损、裂纹等应更换。

（3）检查活塞密封圈。制动块磨损过度或磨损不均可能导致活塞回位不良，此时应更换密封圈。

3. 安 装

（1）安装活塞密封圈。

将活塞密封圈安装到制动缸孔槽内。

注意：安装前应润滑密封圈；安装时注意不要扭曲，否则会造成密封不良，制动液渗漏。

（2）安装活塞，如图 3.39 所示。

① 将防尘罩安装至活塞上。

② 将活塞安装至制动缸总成上。

注意：不可强行将活塞安装至制动缸总成内。

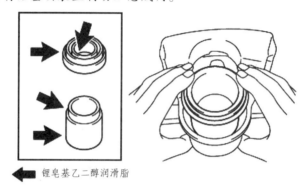

← 锂皂基乙二醇润滑脂

图 5.39　安装活塞

（3）安装防尘罩，如图 3.40 所示。

① 将防尘罩安装至制动缸总成，使防尘罩装入槽内。

② 安装定位环，使活塞与制动缸平面相平齐，不要使防尘套突起。

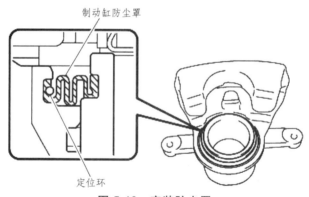

制动缸防尘罩

定位环

图 5.40　安装防尘罩

以上工作需注意的是：拆卸的制动缸零部件不可使用汽油等溶剂清洗，应使用干净的制动液或酒精清洗。

引导问题 14：更换制动块时应注意的事项有哪些？

（1）同轴原则：无论何时，保证同轴所有车轮制动器同时更换制动块。

（2）安装新制动块之前，应先使制动缸活塞回位，否则新零件无法安装。

（3）复位活塞时可能会使用到专用工具，如图 5.41 所示，无专用工具时可使用榔头柄等工具。

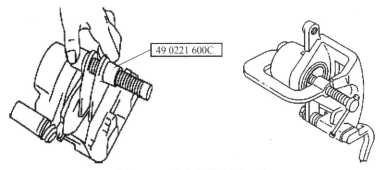

49 0221 600C

图 5.41　活塞复位专用工具

（4）制动盘也使用同轴更换原则。

三、评价与反馈

1. 任务实施考核成绩评定（见表 5.3）

表 5.3　技能考核标准

序号	项目	操作内容	规定分	评分标准	得分
1	准备	清点工具、量具；清理工位	5分	酌情扣分	
2	拆卸	拆卸左/右前车轮	5分	操作不当扣1~5分	
		拆卸制动分泵定位螺栓	5分	操作不当扣1~5分	
		取出内外制动片	5分	操作不当扣1~5分	
		将制动分泵通过挂钩悬挂于车身上	5分	操作不当扣1~5分	
3	检测	检查制动片磨损情况	5分	操作不当扣1~5分	
		检查分泵滑销是否能平滑移动	5分	操作不当扣1~5分	
		检查防尘罩和衬套是否有裂纹和损坏	5分	操作不当扣1~5分	
		检查制动盘厚度	10分	操作不当扣1~10分	
		检查制动盘端面跳动	10分	操作不当扣1~5分	
4	装配	安装内外制动片	5分	操作不当扣1~5分	
		安装制动分泵	5分	操作不当扣1~5分	
		安装制动分泵定位螺栓	5分	操作不当扣1~5分	
		安装左/右前轮	5分	操作不当扣1~5分	
5	时间	45 min	5分	超时 1~10 min 扣 1~5分 超时 10 min 以上扣 5分	
6	安全文明	无安全隐患，无不文明操作	5分	未达标扣1~5分	
7	结束	工具、量具清洁归位	5分	漏一项扣1分，未做扣5分	
		工作场地清洁	5分	清洁不彻底扣1~5分，未做扣5分	
总　分			100分		

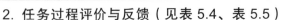
2. 任务过程评价与反馈（见表5.4、表5.5）

表5.4 任务过程评价表（教师填写）

考核项目	评分标准	分数	成绩	过程评价
劳动纪律	有无迟到、早退和旷工	5		
团队合作	是否和谐	5		
活动参与	是否精彩	5		
安全生产	有无安全隐患	10		
操作过程	是否正确、熟练	30		
任务质量	是否圆满完成	10		
工具、设备使用	是否规范、标准	10		
工作页填写	是否完整、规范	15		
现场5S	是否做到	10		
总　分		100		

注：没有按照操作流程操作，出现人身伤害或设备严重事故，本任务考核结果为0分。

表5.5 任务过程反馈表（学生填写）

反馈内容	回答
你是否完成本学习任务，并得到老师的确认？	
你是否能准确有效地收集、分析和组织完成资料，正确地交流信息？	
你是否已经掌握预期的知识和必备的技能？	
你是否充分使用学习资源和按计划有组织地完成任务？	
操作完成水平： 上述表格中的项目应为肯定回答。若不是，应咨询老师。你可以要求附加相关活动，以便完成相关的操作技能。 教师签字：_____ 学生签字：_____ 完成日期：_____	

四、学习拓展

车辆后轮需要布置驻车制动装置，在后轮采用盘式制动器的车辆上，一般会从下面两种型式选择一种：

（1）在制动盘上组合制作一个专门用于驻车制动的制动鼓，然后布置驻车制动机构，如图5.42所示。这样，行车制动时使用制动盘的两个端面工作，驻车制动时使用鼓的内表面工作，驻车制动机构与后轮鼓式制动器大致相同。

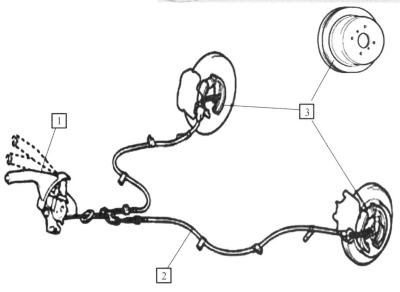

图 5.42　带鼓式制动盘

1—驻车制动手柄；2—驻车制动拉线；3—带驻车制动鼓的制动盘

（2）在后盘式制动器中，采用内置式驻车制动机构的制动缸，如图 5.43、图 5.44 所示。

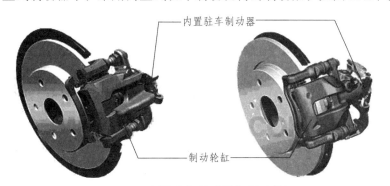

图 5.43　内置驻车制动器与制动轮缸

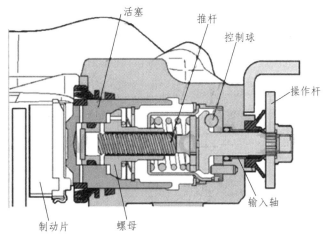

图 5.44　内置驻车制动机构的制动钳

操作杆通过花键与输入轴相连，输入轴的一端做成圆盘形，圆盘一端通过控制球与挡板接触，另一端与推杆接触，推杆的杆部加工成螺纹，螺母套在螺纹杆上，在螺母外套着制动轮缸活塞，如图 5.45 所示。

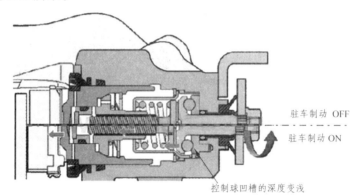

图 5.45　驻车制动施加与解除

当施加驻车制动时，操作杆带动输入轴转动，同时圆盘转动。圆盘上有深浅变化的凹槽，当施加驻车制动时，圆盘向凹槽变浅的方向转动，如此，圆盘（输入轴）被推向推杆方向移动，推杆带动螺母一起继续推动制动活塞伸出。这样，伸出的制动活塞就将制动片压紧在制动盘上了，驻车制动施加。

解除驻车制动时与上述过程相反。

如图 5.46 所示，当制动片磨损后，由于制动片变薄，制动时制动轮缸在液压作用下，将活塞推出一个多余的距离，此时螺母和活塞之间产生间隙，此时，在液压作用下，螺母将旋转一个角度。与此同时，螺母轴向移动一段距离至与活塞恢复接触后停止。当接触制动时，活塞向内收缩，螺母亦同步回缩一等量距离。此时，螺母转动补偿的那一个间隙不会得到恢复，所以解除制动后活塞外伸了一个活塞旋转时的轴向移动距离，制动间隙得到补偿。

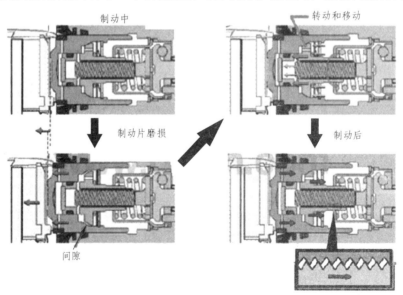

图 5.46　间隙调节

学习任务六　鼓式制动器检修

 任务描述

　　一辆长安之星微型汽车，行驶途中驾驶员发现：踩下制动踏板后，后轮制动力很小，制动效果很差。进行检查后发现制动蹄片摩擦材料已磨损至极限，需对后轮制动器进行检修。

 学习目标

　　通过本学习任务的学习，应当能：

1. 知道鼓式制动器的种类和适用范围；
2. 明确鼓式制动器的结构及组成；
3. 小组合作，查阅维修手册，规范检修鼓式制动器；
4. 能够选择合适的工、量具与设备，实施教学计划；
5. 能独立完成鼓式制动器的简单调整。

 建议学时

　　10学时。

 学习内容

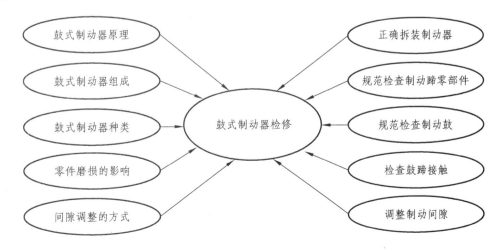

一、任务准备

引导问题 1：鼓式制动器的结构是怎样的？

如图 6.1 所示，鼓式车轮制动器可以简单分为旋转部分、固定部分、张开机构和定位调整机构几部分。

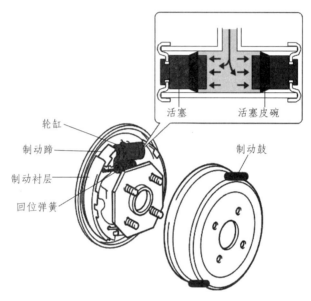

图 6.1　鼓式车轮制动器组成

1. 旋转部分

旋转部分为制动鼓，通过车轮螺栓与车轮固装在一起，随着车轮一起转动。制动鼓通常为金属铸件。

2. 固定部分

固定部分是制动底板和制动蹄。制动底板固装在车桥的凸缘盘上，通过支承与制动蹄相连。制动蹄常用钢板冲压后焊接而成或由铸铁或轻合金浇铸，采用 T 形截面，以增大刚度，摩擦片采用黏接或铆接的方式固定于制动蹄上。

3. 张开机构

张开机构的作用是对制动蹄施加力使其向外张开，压紧制动鼓而产生制动力。液压制动系统使用的张开机构是制动轮缸。

4. 定位调整装置

制动蹄在不工作时，其摩擦片与制动鼓之间应有合适的间隙。间隙过小易造成制动解除不彻底；但间隙过大又将使制动踏板行程过大，以致驾驶员操作不便，同时也会推迟制动器

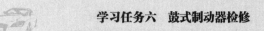

起作用的时间。但是在制动过程中，摩擦片的不断磨损必将导致此间隙逐渐增大。因此，各种型式的制动器均设有检查、调整此间隙的装置。

定位调整装置的作用是保持和调整制动蹄和制动鼓间正确的相对位置。

引导问题2：鼓式制动器与盘式制动器有何异同？

鼓式制动器是另一种常见的车轮制动器，可以分为旋转元件、固定元件、张开机构和间隙调节机构几部分，如图6.2所示。

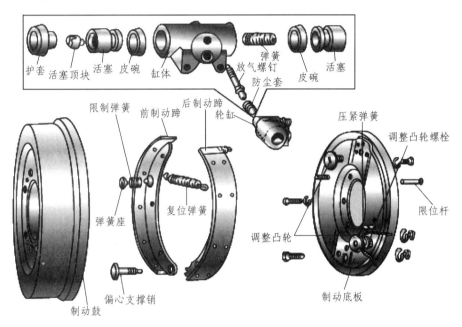

护套　活塞顶块　活塞　皮碗　缸体　放气螺钉　弹簧　皮碗　活塞　防尘套

限制弹簧　前制动蹄　后制动蹄　轮缸　压紧弹簧　调整凸轮螺栓　限位杆　调整凸轮　弹簧座　复位弹簧　制动底板　偏心支撑销　制动鼓

图6.2　鼓式制动器组件分解图

1. 旋转元件

鼓式制动器的旋转部分是制动鼓，其工作面是制动鼓的内圆柱表面。工作时制动片受推张开，相对远离，压紧制动鼓产生制动力。盘式制动器的旋转元件是制动盘，其工作面是盘的两个端面。工作时制动块受压相对靠近，压紧制动盘产生制动。

2. 固定元件

制动底板也是鼓式制动器的固定元件，而盘式制动器没有制动底板。

3. 间隙调节机构

与盘式制动器中依靠活塞密封圈实现间隙调整不同，鼓式制动器中有专门的机构来调节制动间隙，这个机构可以是手动的，也可以是自动的。

4. 张开机构

鼓式制动器和盘式制动器都可以采用液压轮缸作为张开机构，但是盘式制动器使用的轮缸直径远大于鼓式制动器。

引导问题 3：什么是制动蹄的增势和减势？什么是平衡式制动器和非平衡式制动器？

1. 增势和减势，领蹄和从蹄

如图 6.3 所示，汽车前进时制动鼓的旋转方向如箭头所示。在制动过程中，两制动蹄在相等的促动力 F_S 作用下，分别绕各自的支承点向外偏转紧压在制动鼓上。同时旋转的制动鼓对两蹄分别作用着法向反力 N_1 和 N_2，以及相应的切向反力 T_1 和 T_2，T_1 作用的结果使得制动蹄 1 在制动鼓上压得更紧，则 N_1 变得更大，这种情况称为"助势"作用，相应的制动蹄被称为"领蹄"；与此相反，T_2 作用的结果则使得制动蹄 2 有放松制动鼓趋势，即 N_2 和 T_2 有减小的趋势。这种情况称为"减势"作用，相应的制动蹄被称为"从蹄"。

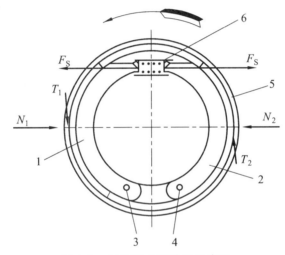

图 6.3　领从蹄式制动器示意图

1—领蹄；2—从蹄；3、4—支承点；5—制动鼓；6—制动轮缸

2. 非平衡制动器和平衡制动器

如图 6.3 所示，汽车前进时制动鼓的旋转方向如箭头所示。虽然制动蹄 1、2 所受的促动力相等，但由于 T_1 和 T_2 的作用方向相反，使得两制动蹄所受到的法向反力 N_1 和 N_2 不相等，且 $N_1 > N_2$，相应的 $T_1 > T_2$。所以制动蹄作用到制动鼓上的法向力不相等；两制动蹄对制动鼓所施加的制动力矩也不相等。

制动蹄对制动鼓的作用力不相等，则两蹄法向力之和只能由车轮轮毂轴承的反力来平衡，这样对轮毂轴承造成了附加径向载荷，轴承的寿命缩短。

非平衡式制动器：制动鼓受来自两制动蹄的法向力不能互相平衡的制动器。

非平衡式车轮制动器的工作过程特点是：汽车前进或倒车制动时，两张制动蹄对制动鼓的法向作用力不相等，而这个不平衡的法向作用力只能由车轮的轮毂轴承来承担。

平衡式制动器：制动鼓受来自两蹄的法向力互相平衡的制动器。汽车行驶时，两张制动蹄对制动鼓的法向作用力大小相等，方向相反，可以互相抵消，轮毂轴承不必承担额外的进项负荷。

引导问题 4：鼓式制动器有哪些类型？

根据制动时两制动蹄对制动鼓的作用力之间的关系，鼓式制动器有：领从蹄式、双领蹄式、单向自增力式和双向自增力（伺服）式等。

1. 领从蹄式制动器

如图 6.4 所示，领从蹄式制动器亦称为简单非平衡式制动器，其结构特点是：两制动蹄共用一个双向活塞制动轮缸，且前后制动蹄与其轮缸等零件在制动底板上的布置是对称的。其性能特点是：前进制动时有一只为"领蹄"，另一只为从蹄；倒车制动时领从蹄位置互换，前进时的领蹄变为从蹄，从蹄变为领蹄。在前进和倒车时制动效能稳定，加之结构简单，维护方便，使用范围很广。

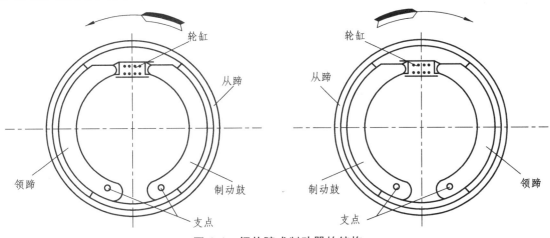

图 6.4　领从蹄式制动器的结构

2. 双向双领蹄式制动器

双向双领蹄式制动器的结构特点是：制动蹄、制动轮缸、复位弹簧均为成对地对称布置，两制动蹄的两端采用浮式支承，且支点在周向位置浮动，用复位弹簧拉紧，如图 6.5 所示。其性能特点是：汽车前进或倒车中制动时，两个制动蹄均为"领蹄"，均有较强的增力，制动效果好，蹄片磨损均匀。

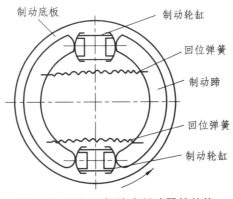

图 6.5　双向双领蹄式制动器的结构

汽车上还有其他型式的鼓式制动器,如单向双领蹄制动器、双从蹄制动器等。

3. 自增力式制动器

(1)单向自增力式制动器。

单向自增力式制动器的结构如图 6.6 所示。制动蹄 1 和制动蹄 2 的下端分别浮支在浮动的顶杆两端。制动器只在上方有一个支承销 4。不制动时,两蹄上端均靠各自的复位弹簧拉靠在支承销上。

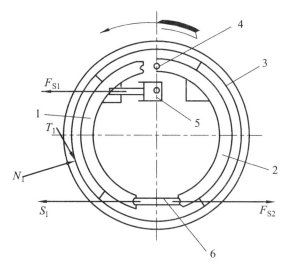

图 6.6　单向自增力式制动器的结构

1—第一制动蹄；2—第二制动蹄；3—制动鼓；4—支承销；5—轮缸；6—顶杆

汽车前进制动时,单活塞式轮缸只将促动力 F_{S1} 加于第一制动蹄,使其上端离开支承销,整个制动蹄绕顶杆左端支承点旋转,并压靠在制动鼓上。显然,第一制动蹄是领蹄,并且在促动力 F_{S1}、法向合力 N_1、切向(摩擦)合力 T_1 和沿顶杆轴线方向的 S_1 作用下处于平衡状态。由于顶杆是浮动的,自然成为第二制动蹄的张开机构,而将与力 S_1 大小相等、方向相反的促动力 F_{S2} 施于第二制动蹄的下端,故第二制动蹄也是领蹄。

(2)双向自增力式制动器。

双向自增力式制动器的结构如图 6.7 所示。前进制动时,两制动蹄在促动力 F_S 的作用下张开压紧制动鼓,此时两蹄的上端均离开支承销,沿图中箭头方向旋转的制动鼓对两蹄产生摩擦力矩,带动两蹄沿旋转方向转过一个不大的角度,直到后蹄又顶靠到支承销上为止。此时,前蹄为"领蹄",但其支承为浮动的推杆。制动鼓作用在前蹄的摩擦力和法向力的一部分对推杆形成一个推力 S,推杆又将此推力完全传到后蹄的下端。后蹄在推力 S 的作用下也形成"领蹄",并在轮缸液压促动力 F_S 的共同作用下进一步压紧制动鼓。推力 S 比促动力 F_S 大得多,从而使后蹄产生的制动力矩比前蹄更大。

倒车制动时,作用过程与此相反,与前进制动时具有同等的自增力作用。

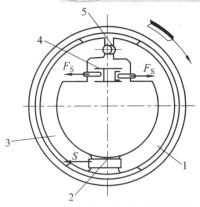

图 6.7　双向自增力式制动器的结构

1—前制动蹄；2—顶杆；3—后制动蹄；4—制动轮缸；5—支承销

总结：以上介绍的各类型制动器各有利弊。就制动效能而言，在基本结构参数和轮缸工作压力相同的条件下，自增力式制动器居榜首，以下依次为双向双领蹄式、单向双领蹄式、领从蹄式；但就制动效能的稳定性而言，自增力式车轮制动器对摩擦系数的依赖性最大，因而其制动效能的稳定性最差，领从蹄式制动器制动效能的稳定性较好。

引导问题 5：鼓式制动器由哪些零部件组成？

鼓式制动器主要由制动鼓、制动底板、制动蹄、分泵、制动蹄压紧弹簧及压紧销、**弹簧座**、支撑板和回位弹簧等组成，如图 6.8 所示（图中已将制动鼓拆去）。

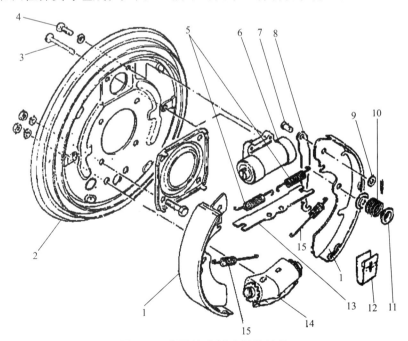

图 6.8　典型鼓式制动器的结构

1—制动蹄；2—制动底板；3—制动蹄压紧销；4—分泵螺栓；5—辅助弹簧；6—分泵；7—销；8—驻车制动杠杆；
9—垫圈；10—制动蹄压紧弹簧（螺旋弹簧）；11—弹簧座（适用于螺旋弹簧）；
12—制动蹄压紧弹簧（C形弹簧）；13—支撑板；14—锚销总成；15—回位弹簧

引导问题6：鼓式制动器如何调整制动间隙？

制动器间隙是指在不制动时，制动鼓和制动蹄摩擦片之间的间隙。

制动器间隙过小，不能保证完全解除制动，此间隙过大，制动器反应时间过长，直接威胁到行车安全。制动器在使用过程中，随着摩擦片的磨损，制动器间隙会变大，要求制动器必须有检查和调整间隙的可能。

间隙调整装置有手动调整和自动调整两种。

1. 手动调整装置

（1）调整凸轮和带偏心轴颈的支承销。

凸轮固定在制动底板上，支承销固定在制动蹄上，沿如图6.9所示箭头方向转动调整凸轮时，通过支承销将制动蹄向外顶，制动器间隙将减小，适用于领从蹄式制动器。

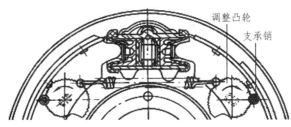

图6.9　凸轮调整鼓式制动器间隙

（2）调整螺母。

有些制动器轮缸两端的端盖制成调整螺母，用一字螺丝刀拨动调整螺母的齿槽，使螺母转动，带螺杆的可调支座便向内或向外作轴向移动，使制动蹄上端靠近或远离制动鼓，制动间隙减小或增大。间隙调整好以后，用锁片插入调整螺母的齿槽中，固定螺母位置，如图6.10、图6.11所示，适用于领从蹄式制动器。

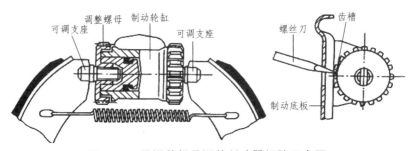

图6.10　用调整螺母调整制动器间隙示意图

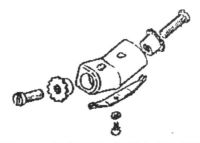

图6.11　调整螺母、可调支座示意图

（3）可调顶杆。

可调顶杆由顶杆体、调整螺钉和顶杆套组成。顶杆套一端具有带齿的凸缘，套内制有螺纹，调整螺钉借螺纹旋入顶杆套内。拨动顶杆套带齿的凸缘，可使调整螺钉沿轴向移动，从而改变了可调顶杆的总长度，调整了制动器间隙，如图6.12所示。此调整方式仅适用于自增力式制动器。

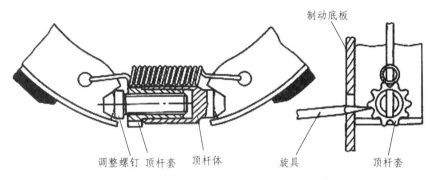

图6.12　改变顶杆长度调整控制器间隙示意图

2. 自动调整装置

楔块式间隙自调装置的调整原理如下：

在制动蹄和楔形块之间有一制动压杆相连，制动压杆两端开有缺口，其左端缺口端面也在楔形快的齿形面上，楔形块另一侧齿形面压在斜楔支承上，制动压杆右端缺口的头部与制动杆之间有一个设计间隙Δ。由于弹簧的作用，压杆紧紧压住楔形块和斜楔支承。

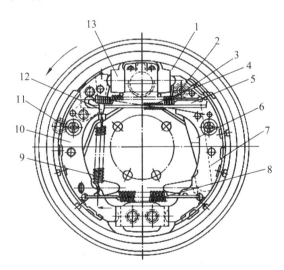

图6.13　楔块式间隙自调装置的制动器

1—制动底板；2—销轴；3、4、8、9—弹簧；5—压杆；6—驻车制动拉杆；7—带杠杆装置的制动蹄总成；10—带斜楔装置的制动蹄总成；11—锁紧销及锁紧弹簧套件；12—楔形块；13—轮缸

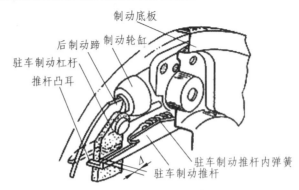

图 6.14　楔块式间隙自调装置

制动时，轮缸活塞推动制动蹄一起绕与止挡板接触的支点转动，压杆始终压住楔形块与制动蹄一起向左方向运动，制动杆用销轴压铆在制动蹄的腹板上，可以绕销轴自由摆动。在制动蹄转动时，随着由于磨损而引起的制动间隙的增加，制动杆与压杆原接触处逐渐分开，而与压杆凸耳的距离则越来越小，但是只要制动间隙不超过Δ值，制动杆就不会与压杆凸耳接触，在这种情况下不会发生间隙调整。这是通常行车制动时的情况。

当制动间隙增加，大于Δ时，若进行行车制动，活塞推动制动蹄向左方向转动，这时在拉簧作用下楔形块和制动压杆向左移动。而制动蹄向右方转动时，制动杆移动了相应的距离后将与压杆凸耳接触，并克服拉簧的拉力将压杆向右移动。这样压杆和楔形块之间便产生了间隙。拉力弹簧将楔形块往下拉，直到压杆和楔形块重新接触，填补这个间隙。

撤销制动时，在拉簧作用下，虽然制动蹄要复位，但由于楔形块已下行填补了间隙，因此制动蹄和已不可能恢复到制动前的位置。于是原来由于磨损变大的制动间隙便得到了补偿，恢复到初始的设置值。制动时，这个过程反复进行，实现了制动间隙的自动调整。

二、任务实施

引导问题 7：完成本任务，需要使用的主要工、量具有哪些？

（1）轮胎套筒，如图 6.15 所示。

图 6.15　轮胎套筒

（2）工具套件，如图 6.16 所示。

图 6.16　工具套件

（3）游标卡尺 0～150 mm，如图 6.17 所示。

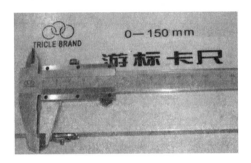

图 6.17　游标卡尺

（4）外径千分尺 0～25 mm，如图 6.18 所示。

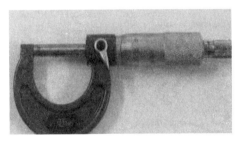

图 6.18　外径千分尺

（5）一字螺丝刀（起子），如图 6.19 所示。

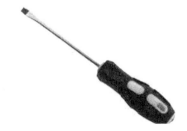

图 6.19　一字螺丝刀

（6）尖嘴钳，如图6.20所示。

图6.20　尖嘴钳

*将完成鼓式制动器检修任务，需要用到的工量具、设备和材料登记在表6.1中。

表6.1　工量具、设备材料名称及型号

序号	名称	规格	数量	备注

引导问题8：怎样规范拆解长安后轮制动器？

拆解长安微型轿车后轮制动器可以按下列操作步骤进行：

（1）确认驻车制动处于释放状态。

（2）按对角线顺序，拧松车轮螺母，如图6.21所示。

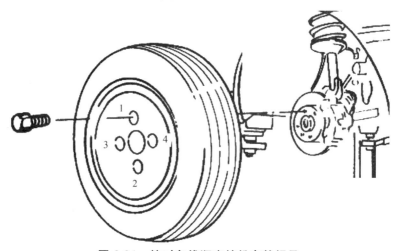

图6.21　按对角线顺序拧松车轮螺母

（3）顶升车辆，松脱车轮螺母，拆下车轮，将车轮正确放置。

（4）使用 2 个 M8 螺钉，装到制动鼓上，交替拧入，顶出制动鼓，如图 6.22 所示。

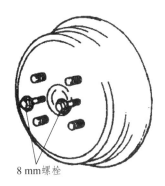

图 6.22　顶出制动鼓

（5）拆下两个辅助弹簧，取出制动蹄支撑板，如图 6.23 所示。

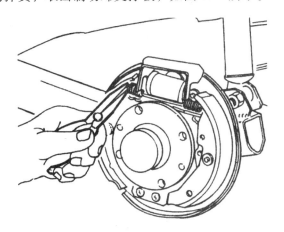

图 6.23　拆下辅助弹簧

（6）拆下 2 个制动蹄回位弹簧，如图 6.24 所示。

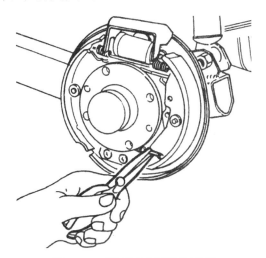

图 6.24　拆下制动蹄回位弹簧

（7）拆下领蹄的锁紧弹簧和锁紧销，取下领蹄，如图 6.25 所示。

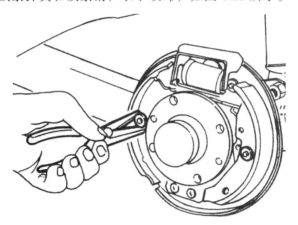

图 6.25　拆下领蹄的锁紧弹簧和锁紧销

（8）以同样方法拆下从蹄的锁紧弹簧和锁紧销。

（9）从驻车制动拉杆上取下驻车制动拉线，拆下从蹄，如图 6.26 所示。

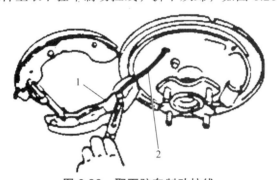

图 6.26　取下驻车制动拉线

1—驻车制动拉杆；2—驻车制动拉线

引导问题 9：怎样检查制动片？

制动蹄应无剥落、裂纹、深沟槽、变形、烧蚀等现象。

对后制动蹄，如图 6.27 所示，应检查片与驻车制动杆是否能沿制动蹄平滑移动。

图 6.27　检查制动片

制动片的摩擦材料会随着使用磨损，如果磨损过度，会降低制动效果，甚至导致钢片与制动鼓接触。通过测量制动片厚度，可以确定其磨损程度，确保安全使用。

检查制动片厚度时，使用钢尺或游标卡尺，如图 6.28（a）、（b）所示，在不同的位置测量 3 次。取最小值与极限值比较，如果达到或接近极限值，应更换新件。长安之星轿车后制动鼓内径标准为 6.9 mm，使用极限为 3.6 mm，超过极限尺寸时应予更换。

注意：制动片应磨损均匀，如果出现了不均匀磨损，应找出原因，排除故障后再更换新件。

如果制动蹄是铆接连接，那么还应检查铆钉头的深度和铆钉是否松动，如图 6.28（c）所示。

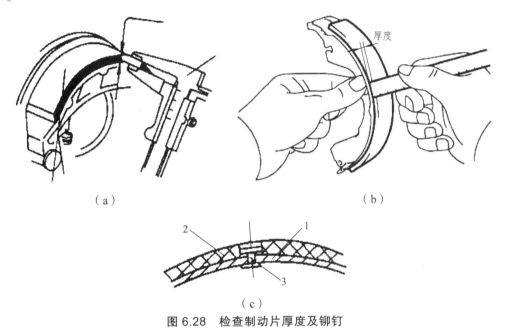

（a）   （b）

（c）

图 6.28 检查制动片厚度及铆钉

1—钢质本体；2—摩擦材料；3—铆钉

引导问题 10：怎样检查制动鼓内径和制动鼓内表面圆度误差？

制动鼓在使用中也会产生磨损。制动鼓使用磨损会使其内径增加，厚度减小。这样会引起制动踏板振动、制动噪声及颤动。极限情况下可能因为前度不足，在制动力的作用下破裂损毁。

（1）检查制动鼓内径时，可用游标卡尺直接测量。

如图 6.29 所示，制动鼓内直径的测量，沿直径方向测量 3~4 个位置，以最大值与极限值比较，达到或接近极限值时应更换新件。

长安之星轿车后制动鼓内径标准为 220 mm，使用极限为 222 mm，超过极限尺寸时应予更换。

（2）制动鼓内表面圆度误差的检查。

制动鼓内表面圆度误差过大会使制动力效能恶化，舒适性振动增加，制动衬片磨损不均匀。检查制动鼓内表面圆度误差测量可用百分表进行，如图 6.30 所示。不符合要求可进行机加工修复或更换。

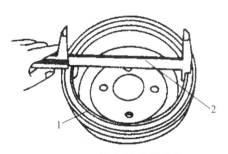

图 6.29　检查制动鼓直径

1—制动鼓；2—游标卡尺

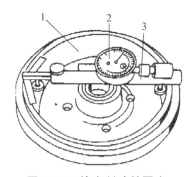

图 6.30　检查制动鼓圆度

1—制动鼓；2—百分表；3—测量工具

引导问题 11：怎样检查制动蹄与制动鼓的接触面积和接触位置？为什么要检查制动蹄与制动鼓的接触面积和接触位置？

制动蹄片与制动鼓接触面积的检查：用白色粉笔在制动鼓内侧均匀涂上一圈痕迹，用手压住制动蹄及摩擦片，靠在后制动鼓上，在制动鼓内转动一圈，检查二者的接触面积，如图 6.31 所示。

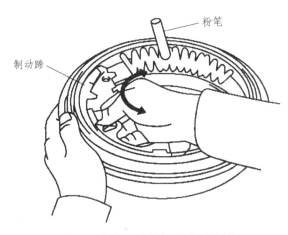

图 6.31　检查制动鼓与制动蹄接触面

对鼓式制动器而言，由于磨损，制动鼓内直径会变大，制动蹄和制动鼓的接触面积如果过小，制动时会因为鼓与蹄之间摩擦力太小而导致制动力低效。所以接触面积检查是非常重要的。

如图 6.32 所示，检查接触印痕时，应确认：

（1）接触面积不小于单只制动蹄总摩擦面积的 60%。

（2）从轴向看，接触印痕分布均匀，横向全接触，不明显偏向任意一侧。

（3）从周向看，接触印痕对称均匀分布于制动蹄两端，无明显面积差别和位置差异。接触印痕应两端重中间轻，两端的接触面积各占制动蹄总长的约 1/3。

（a）不符合标准的贴合印痕　　　（b）符合标准的贴合印痕

图 6.32　制动蹄印痕标准图

将检查数据结果填入表 6.2 中。

表 6.2　鼓式制动器检查数据表

	左			右		
	制动蹄厚度	制动鼓直径	制动鼓圆度	制动蹄厚度	制动鼓直径	制动鼓圆度
参考值						
测量值						
结果判断						

引导问题 12：怎样检查弹簧？

制动器弹簧的检查如图 6.33 所示，若弹簧自由长度增长率达 5%，则应更换新弹簧。

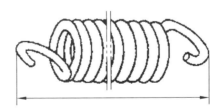

图 6.33　检查制动器回位弹簧长度

引导问题 13：怎样检查制动底板？

制动底板是汽车制动器中固定制动蹄总成与制动鼓装配的支承零件，是整车制动的核心。制动蹄与制动底板的接触不是沿制动蹄的整个圆弧，而是在底板上有 6 个凸台，如图 6.34 所示，每只制动蹄与 3 个凸台接触，相应的制动蹄上有 3 个接触点。实施和解除制动时，制动蹄就是在这几个凸台平面上滑动。如果凸台表面有毛刺等缺陷，将使制动蹄运动受阻，导致制动不良或拖滞等故障。所以，检修时应确认制动底板的平台光滑，没有变形、毛刺、沟槽等缺陷。

同时确认底板无变形、腐蚀、松动等其他缺陷。

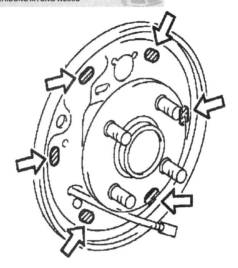

图 6.34　底板上有 6 个凸台

引导问题 14：如何装配鼓式制动器？

装配鼓式制动器的操作过程是拆卸的相反过程。操作过程中应注意：
（1）装配前应先适当润滑制动底板凸台、支撑板叉口、调节螺钉等部位。
（2）装配时应预先调整间隙调节机构，以便于安装。
（3）装配完毕后应调整制动间隙，然后旋转制动鼓，观察是否自由转动。
（4）安装车轮后，用手旋转车轮，车轮应自由旋转或旋转时有轻微的摩擦声。

引导问题 15：如何调整长安之星轿车鼓式制动器？

鼓式制动器装配完成后，应调整制动器间隙，保证制动器正常工作。
调整制动器间隙的方法如下：
（1）使用工具（一字起子），从调整孔探入，拨动前调整螺母，使制动蹄张开，直至制动鼓不能转动，然后反向转动调整螺母 3 ~ 4 齿，此时制动鼓应能自由转动，如图 6.35 所示。

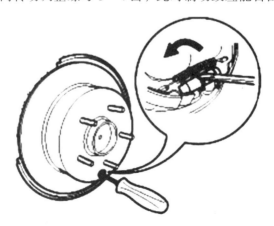

图 6.35　调整制动器间隙

注：将起子向上拨动，则制动间隙变小；反之变大。

（2）以同样步骤，调整另一侧制动蹄间隙。

（3）调整完两只制动蹄后，转动制动鼓，确认转动正常。

引导问题16：更换制动蹄时注意事项有哪些？

（1）同轴原则：无论何时，保证同轴所有车轮制动器同时更换制动蹄。

（2）安装新制动蹄之前，应先检查调整制动蹄与制动鼓接触面积和位置，否则可能导致制动不良。

（3）务必调整制动器间隙。

（4）同轴更换原则也适用于制动鼓更换。

三、评价与反馈

1. 任务实施考核成绩评定（见表6.3）

表6.3　技能考核标准表

序号	项目	操作内容	规定分	评分标准	得分
1	准备	清点工具、量具；清理工位	5分	酌情扣分	
2	拆卸	拆卸左/右前车轮	2分	操作不当扣1~2分	
		拆卸制动鼓	3分	操作不当扣1~3分	
		取下辅助弹簧、支撑板	3分	操作不当扣1~3分	
		取下复位弹簧	2分	操作不当扣1~2分	
		取下1#制动蹄的锁紧弹簧、锁紧销，拆下1#制动蹄	3分	操作不当扣1~3分	
		取下2#制动蹄的锁紧弹簧、锁紧销	2分	操作不当扣1~2分	
		拿下2#制动蹄，从驻车制动拉杆上脱下拉线，取下制动蹄	3分	操作不当扣1~3分	
		取下间隙调节螺栓	2分	操作不当扣1~2分	
3	检测	检查制动片厚度	5分	操作不当扣1~5分	
		检查鼓内径和圆跳动	5分	操作不当扣1~5分	
		检查鼓蹄接触情况	5分	操作不当扣1~5分	
		检查制动缸	5分	操作不当扣1~5分	
		检查制动底板	5分	操作不当扣1~5分	
		检查间隙调节机构	5分	操作不当扣1~5分	
		检查弹簧	5分	操作不当扣1~5分	

续表 6.3

序号	项目	操作内容	规定分	评分标准	得分
4	装配	安装调节螺栓	2分	操作不当扣 1~2 分	
		将拉线安装到驻车制动拉杆	3分	操作不当扣 1~3 分	
		用锁紧弹簧和锁紧销将制动蹄安装到底板上	3分	操作不当扣 1~3 分	
		安装复位弹簧	2分	操作不当扣 1~2 分	
		安装制动支撑板、辅助弹簧	3分	操作不当扣 1~3 分	
		安装制动鼓	2分	操作不当扣 1~2 分	
		调整制动间隙	3分	操作不当扣 1~3 分	
		安装车轮	2分	操作不当扣 1~2 分	
5	时间	45 min	5分	超时 1~10 min 扣 1~5 分 超时 10 min 以上扣 5 分	
6	安全文明	无安全隐患，无不文明操作	5分	未达标扣 1~5 分	
7	结束	工具、量具清洁归位	5分	漏一项扣 1 分，未做扣 5 分	
		工作场地清洁	5分	清洁不彻底扣 1~5 分，未做扣 5 分	
总　分			100分		

2. 任务过程评价与反馈（见表 6.4、表 6.5）

表 6.4　任务过程评价表（教师填写）

考核项目	评分标准	分数	成绩	过程评价
劳动纪律	有无迟到、早退和旷工	5		
团队合作	是否和谐	5		
活动参与	是否精彩	5		
安全生产	有无安全隐患	10		
操作过程	是否正确、熟练	30		
任务质量	是否圆满完成	10		
工具、设备使用	是否规范、标准	10		
工作页填写	是否完整、规范	15		
现场 5S	是否做到	10		
总　分		100		

注：没有按照操作流程操作，出现人身伤害或设备严重事故，本任务考核结果为 0 分。

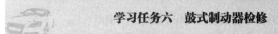

表 6.5　任务过程反馈表（学生填写）

反馈内容	回答
你是否完成本学习任务，并得到老师的确认？	
你是否能准确有效地收集、分析和组织完成资料，正确地交流信息？	
你是否已经掌握预期的知识和必备的技能？	
你是否充分使用学习资源和按计划有组织地完成任务？	
操作完成水平： 　上述表格中的项目应为肯定回答。若不是，应咨询老师。你可以要求附加相关活动，以便完成相关的操作技能。 　教师签字：＿＿＿＿＿＿＿＿＿＿＿＿＿＿＿＿＿＿＿＿＿＿＿＿＿＿ 　学生签字：＿＿＿＿＿＿＿＿＿＿＿＿＿＿＿＿＿＿＿＿＿＿＿＿＿＿ 　完成日期：＿＿＿＿＿＿＿＿＿＿＿＿＿＿＿＿＿＿＿＿＿＿＿＿＿＿	

四、学习拓展

鼓式制动器间隙检修自动调整装置有一次调准式和多次调准式（也称阶跃调准式）。楔块式间隙自动调节装置是典型的一次调准式，如图 6.36 所示。

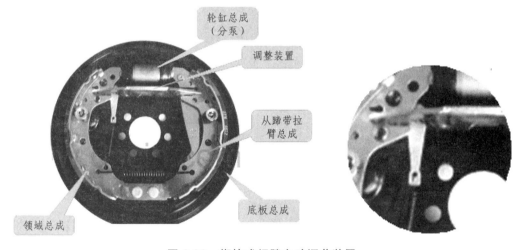

图 6.36　楔块式间隙自动调节装置

其工作情况如下：

楔杆的水平拉簧使楔杆与推力板间产生摩擦，防止楔杆下移，垂直拉簧随时力图拉动楔杆下移。当蹄鼓间隙正常时，楔杆静止于相对应位置；当蹄鼓间隙大于规定值时，蹄片张开的行程被加大，垂直拉簧的力增大，楔杆下移，楔杆的下移使得水平拉簧的力也被加大，摩擦力相应加大，则楔杆在新的位置静止。

放松制动后，制动蹄在回位弹簧的作用下收拢。由于推力板已变长，只能被顶靠在新的位置，从而保持规定的制动间隙值。

由上述内容可知，本调节装置调节时，不论制动器间隙多大，只要在可调范围内，都能一次性调节准确。包括由于热膨胀造成的间隙增大，该装置也会不加区别地调整。这样容易导致经过高温制动，温度降低后制动器间隙过小造成拖滞。

为了避免这样的情况出现，一种方法是采用阶跃调准式（多次调准）装置，如图 6.37 所示。

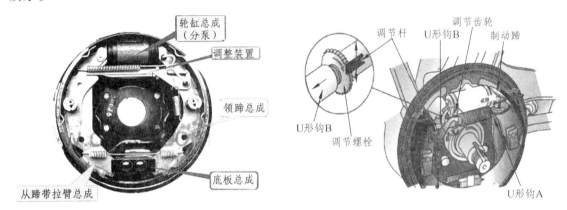

图 6.37　多次调准式内部结构

阶跃调准装置：如图 6.38 所示，制动时弹簧拉长，带动调节杆摆动一定幅度，当制动器间隙正常时，其摆动幅度小于调节齿轮两齿之间的距离，无法拨动调节齿旋转；当制动器间隙较大时，调节杆的摆动幅度增大，拨动调节齿转过一齿。松开制动后，调节杆从调节齿的斜面上划过，回到初始位置。再次制动时，才可以再次进行调节。其特点是：每次制动，该装置只调节一个齿，如果间隙很大，就需要很多次调节才能逐步调准。该装置一般采用倒车制动调整的方法进行间隙调整，来避免间隙调整过头。

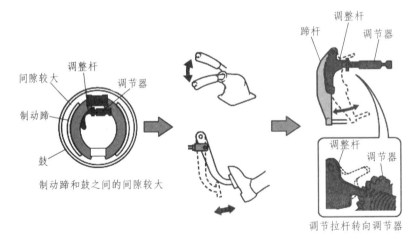

图 6.38　多次调准式工作示意图

阶跃式间隙自动调整装置：经过多次完全制动才可以逐步调整间隙到设定值的间隙自动调整装置。一般采用倒车制动调整的方法进行间隙调整，来避免间隙调整过头。

学习任务七　真空助力及制动液压装置检修

任务描述

一辆丰田卡罗拉轿车在行驶过程中发现制动距离较长，偶尔还会出现制动跑偏的现象。到厂检查，初步判定为真空助力器故障以及制动液压装置，需进行检修。

学习目标

通过本学习任务的学习，应当能：

1. 知道真空助力装置的作用；
2. 明确真空助力装置的结构及工作原理；
3. 明确制动液压传动装置的调整思路；
4. 通过小组分工协作，准确规范地检查和调整真空助力装置和液压传动装置。

建议学时

10学时。

学习内容

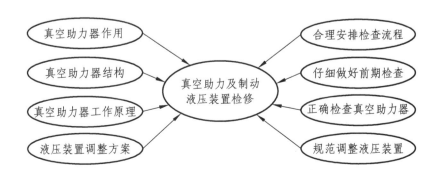

一、任务准备

引导问题 1：什么是真空助力装置？

许多车辆都用助力制动系统减轻驾驶员用于制动的力。助力器有两种常用的型式，即真空助力装置和液压助力装置。现在轿车上一般采用真空助力的液压制动装置，如图 7.1 所示。

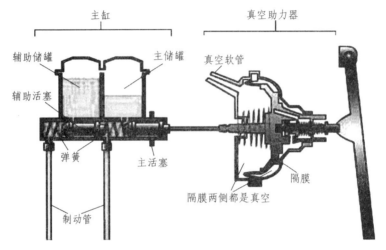

图 7.1 真空助力液压制动装置

引导问题 2：什么是真空助力器？它能干什么？

真空助力器安装在制动踏板和制动主缸之间，如图 7.2 所示，利用发动机进气歧管真空或辅助真空泵产生的真空帮助驾驶员减轻用于制动的力。

图 7.2 真空助力器实物图

真空助力器有一个膜片，它由大气压和发动机进气歧管中真空度之间的压力差操作主泵，由踏板和膜片共同启动，只需最小的踏板力就可以产生较大的制动力。一旦真空助力器由于某种原因开始出现故障，它仅丢失作用到制动器上的助力，在这种情况下，制动器将需要附加的踏板力，但是车辆可以按照没有助力器的情况正常制动，如图 7.3 所示。

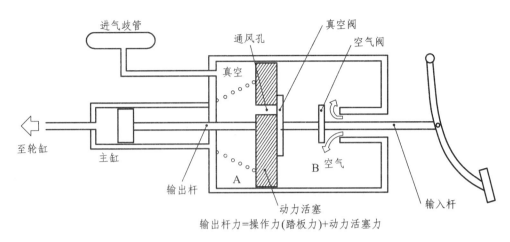

图 7.3　真空助力器的工作方式

如图 7.4 所示，真空助力器内部结构主要有：

（1）前/后壳：用于形成助力泵。

（2）膜片板和阀体助力活塞：使用发动机真空度和大气压之间的压力差产生启动输出杆的力。

（3）输入杆：将踏板力传递到输出杆并启动提升阀密封件。

（4）提升阀密封件：根据施加的踏板力大小将空气引入制动助力器作为空气阀和真空阀操作。

（5）输出杆：利用输入杆的移动和助力活塞的力将力作用到主泵活塞上。

（6）反作用盘：将输出杆反作用力传递给驾驶员。

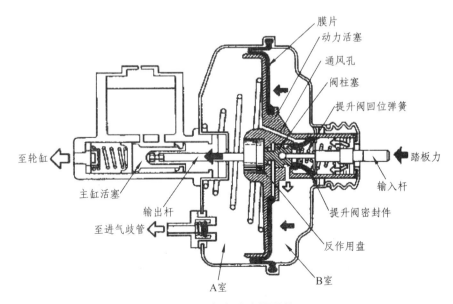

图 7.4　真空助力器结构

引导问题3：真空助力器是如何工作的？

1. 发动机工作，不踩下制动踏板

当真空助力器处于自然状态时，在阀门弹簧和助力器推杆回位弹簧的共同作用下，真空阀 A 处于开启状态，而空气阀 B 处于关闭状态。所以，真空助力器的前后腔是连通的，同时，它们又是与大气隔绝的。

真空阀门 A：真空阀圈底面与活塞外壳之间的间隙，主要起连通前后腔气室的作用。

空气阀门 B：真空阀圈底面与空气阀阀座之间的间隙，它的主要作用是使后腔气室与大气相连通。

若发动机正在工作，由真空泵或者发动机进气管产生的负压会将真空助力器的真空单向阀吸开，此时，前后腔气室都处于真空状态，如图 7.5 所示。

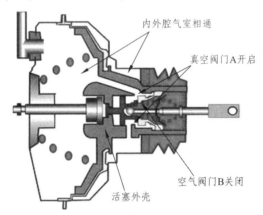

图 7.5　自然状态时的真空助力器

2. 发动机工作，踩下制动踏板

踩下制动踏板，来自制动踏板的力推动助力器推杆向前运动，空气阀也随之运动，使真空阀门 A 关闭，将前后腔气室隔离，接着空气阀门 B 开启，大气进入后腔气室，由此产生的前后腔气压差推动气室膜片，气室膜板带着活塞外壳向前运动；此时，装配在制动主缸推杆组件里的橡胶反作用盘同时受到空气阀和活塞外壳的推力作用，再通过制动主缸推杆组件施加在主缸第一活塞上，制动主缸内产生的油压一方面传递给制动轮缸，另一方面又作为反作用力经由助力器推杆传递回制动踏板，使司机产生踏板感，如图 7.6 所示。

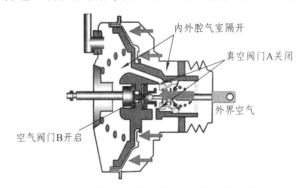

图 7.6　踩下制动踏板时的真空助力器

3. 发动机工作，松开制动踏板

松开踏板，在助力器推杆回位弹簧的作用下，助力器推杆带动空气阀向后运动，首先关闭空气阀门 B，继续的运动将开启真空阀门 A，助力器前后腔气室连通，真空重新建立。与此同时，在膜片回位弹簧的作用下，气室膜片+气室膜片隔板+活塞外壳组件回到初始位置，真空助力器处于自然状态，如图 7.7 所示。

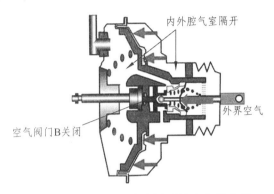

图 7.7　松开制动踏板时的真空助力器

引导问题 4：主缸和轮缸是如何工作的？

主缸受到力的作用，产生液压，是液压产生的场所。轮缸受到液压的作用，产生力的作用，是利用液压工作的场所。这里仅以主缸为例说明。

主缸工作原理：

当踩下制动踏板时，力量通过推杆传送到总泵，推动活塞，主缸内产生的液压力通过制动管线传送到各个轮缸。

（1）不实施制动时。

如图 7.8 所示，1 号和 2 号活塞的密封圈定位于进油孔与补偿孔之间，主缸与储液罐之间形成一个通道。2 号活塞回位弹簧将活塞推向右侧，紧靠在止动螺栓上而无法继续移动。

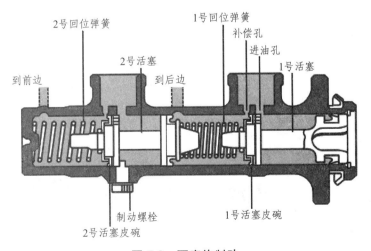

图 7.8　不实施制动

（2）实施制动时。

如图 7.9 所示，1 号活塞移动到左侧，密封圈封闭补偿孔，阻止了主缸与储液罐之间的通道。当活塞进一步被压缩时，主缸内的液压也相应上升。此压力也推动 2 号活塞向右移动，以与 1 号活塞相同的方式，形成液压。

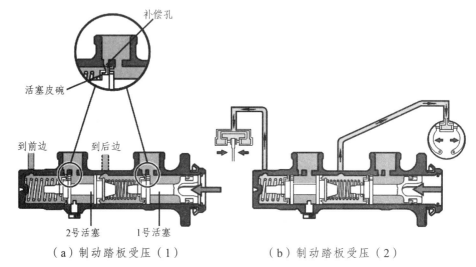

（a）制动踏板受压（1）　　　　　　　（b）制动踏板受压（2）

图 7.9　实施制动

（3）放松制动时。

如图 7.10 所示，由于液压力和回位弹簧的力把活塞退回原位。但是，制动液不会马上从轮缸中返回，因此，主缸内部会暂时压力下降（形成真空），而储液罐里的制动液就通过活塞顶部的小孔流入主缸和密封圈四周。从轮缸渐渐返回的制动液通过补偿孔流入储液罐，补偿孔还吸收由于温度变化而可能在主缸内发生的制动液压力变化。这防止了在不实施制动时出现制动液压力升高的现象。

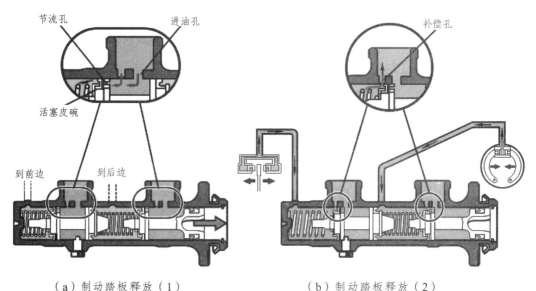

（a）制动踏板释放（1）　　　　　　　（b）制动踏板释放（2）

图 7.10　放松制动

当其中一个回路出现泄漏时：

（1）后侧管道泄漏时。

如图 7.11 所示，踩下制动踏板时，1 号活塞移动到左侧，但是此时在后侧管道中不产生液压力。因此，1 号活塞压缩回位弹簧，推动 2 号活塞。2 号活塞移动后其前端的液压力上升，使与前部管道相连的制动器工作。

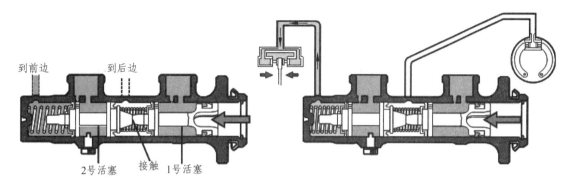

图 7.11　后侧管道泄漏

（2）前部管道泄漏时。

如图 7.12 所示，踩下制动踏板时，1 号活塞前部产生液压力，使 2 号活塞移动。但是 2 号活塞前部不产生液压力，所以 2 号活塞持续移动，直到它与主缸壁接触为止。此后，随着 1 号活塞进一步移动，在 1 号活塞前部的液压力快速上升，与后侧管道相连的制动器可以工作。

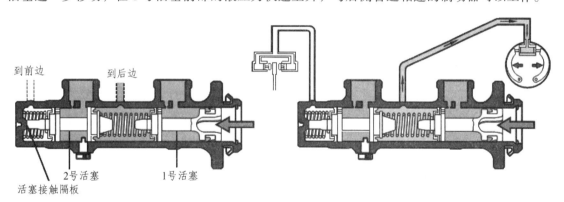

图 7.12　前部管道泄漏

因此，在有一个回路泄漏的情况下，串联主缸可以保持另一个回路正常工作，使车辆保持有一定的制动力，而不至于完全丧失制动力。

二、任务实施

引导问题 5：完成本任务，需要使用的主要工具有哪些？

丰田轿车制动台架、三层零件车、操作平台、橡胶软管、集油壶、常用工具。

引导问题 6：怎样检查真空助力装置？

1. 工作检查

真空助力器的工作检查方案如图 7.13 所示。

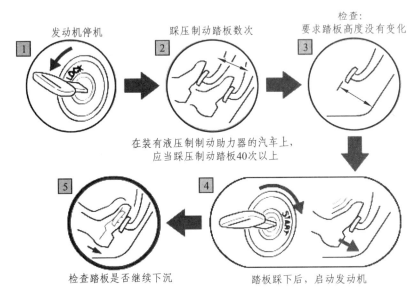

发动机停机　　踩压制动踏板数次　　检查：要求踏板高度没有变化

在装有液压制动助力器的汽车上，应当踩压制动踏板40次以上

检查踏板是否继续下沉　　踏板踩下后，启动发动机

图 7.13　真空助力器工作检查

2. 气密性检查

真空助力器气密性的检查如图 7.14 所示。

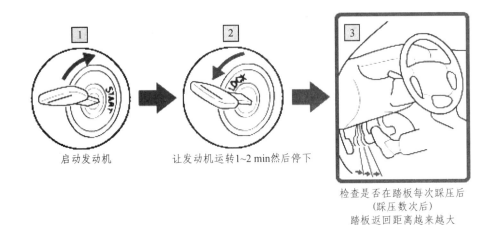

启动发动机　　让发动机运转1~2 min然后停下

检查是否在踏板每次踩压后
（踩压数次后）
踏板返回距离越来越大

图 7.14　真空助力器气密性检查

3. 真空检查

真空助力器的真空检查如图 7.15 所示。

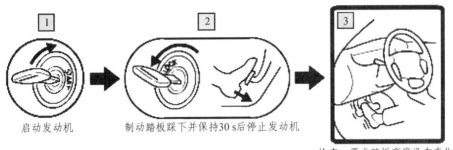

启动发动机　　　　　制动踏板踩下并保持30 s后停止发动机

检查：要求踏板高度没有变化

图 7.15　真空助力器真空检查

4. 单向阀的测试

如图 7.16 所示，从助力器上断开真空软管（不要从管内拆除单向阀），启动发动机并怠速运转，使用真空手动泵来检查单向阀的作用，确信真空软管真空。

图 7.16　单向阀的测试

引导问题 7：怎样检查制动踏板？

通过制动踏板相关参数的检查，可以确认制动系统的工作状况。这也正是驾车时可以通过踏板的感受来判断系统状况的原因所在。无论是液压装置、机械装置还是助力装置，当其技术状况发生变化时，通常在踏板上也会出现相关的变化。

（1）检查制动踏板高度。如图 7.17 所示，在松开踏板的情况下量取踏板到地板的高度。

（2）检查制动踏板自由行程。如图 7.18 所示，首先踩下制动踏板数次，以消除助力器的真空助力效果，然后轻轻而缓慢地将制动踏板压下，直到感到有阻力时为止，测量此过程中踏板所经过的行程，即为制动踏板自由行程。自由行程代表了系统所有的机械间隙的总和。

（3）检查制动踏板行程余量。如图 7.19 所示，在发动机运转的情况下放开驻车制动拉杆，用大约 490 N 的力，踩下踏板并测量从踏板到地板的距离。行程余量反映下列内容：制动器内部摩擦片和制动鼓（盘）之间的间隙；液压装置的状况，如泄漏、不能建立压力等。

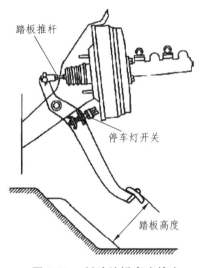

图 7.17　制动踏板高度检查

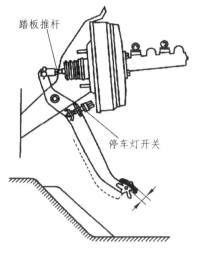

图 7.18　制动踏板自由行程测量

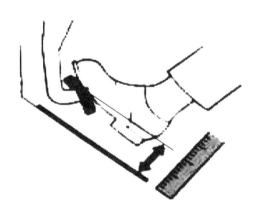

图 7.19　制动踏板行程余量检查

引导问题 8：怎样排出制动系统中的空气？

制动系统检修、更换制动液之后，或者制动踏板无力有弹性时，需要对制动系统进行放气。放气时可以使用专用的制动液充放机，也可以人工进行放气。

1. 使用专用工具放气

（1）接通制动液充放机。

（2）按规定顺序打开放气螺钉，如图 7.20 所示。

（3）排出制动钳和制动轮缸中的气体。

（4）用专用的容器盛放排出的制动液。

制动系统放气顺序如下：右后车轮制动轮缸→左后车轮制动轮缸→右前车轮制动钳→左前车轮制动钳。

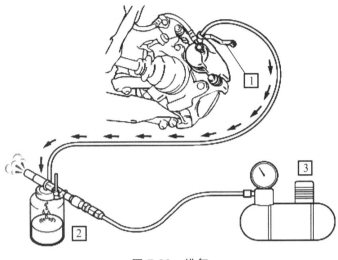

图 7.20　排气

2. 人工放气

（1）将一根软管一端接到放气螺钉上，一头插入容器中，如图 7.21 所示。

（2）一人用力迅速踩下并缓慢放松制动踏板，如此反复数次后，踩下制动踏板，并保持一定高度使之不动。

（3）另一人拧松放气螺钉，管路中空气随制动液顺着胶管排出制动系统，排出空气后再将放气螺钉拧紧。

（4）重复上述步骤多次，直至容器中制动液里无气泡为止。

（a）给制动主缸放气　　　　　　（b）给制动管放气

图 7.21　制动管路人工放气

（5）取下胶管，套上防尘罩。

（6）观察储液罐制动液面高度，必要时添加制动液。

三、评价与反馈

1. 任务实施考核成绩评定（见表7.1）

表7.1　真空助力及制动液压装置检修考核表

考核项目及分值	考核内容及分值	评分标准	评分记录
准备工作 10分	清洁工量具及其工作台	1. 未清洁工具　　　扣1分； 2. 未清洁操作平台　扣1分	
真空助力器检查 25分	工作检查； 气密性检查； 真空检查； 单向阀测试	1. 错误一处　　扣3分； 2. 漏查一处　　扣5分	
制动踏板检查 20分	高度检查； 自由行程检查； 行程余量检查	1. 错误一处　　扣2分； 2. 漏查一处　　扣5分	
液压制动放气 15分	专用机器放气； 人工放气	1. 错误　　　　扣5分； 2. 不会　　　　扣10分	
收尾工作 10分	清洁工具、工作平台； 工具应摆放整齐	1. 未清洁　　　扣1~3分； 2. 未摆放整齐　扣1分	
考核时限 10分	完成全部考核内容规定用时为15分钟	1. 超时每分钟　扣5分； 2. 超时5分钟即停止记分	

2. 任务过程评价与反馈（见表7.2和表7.3）

表7.2　任务过程评价表（教师填写）

考核项目	评分标准	分数	成绩	过程评价
劳动纪律	有无迟到、早退和旷工	5		
团队合作	是否和谐	5		
活动参与	是否精彩	5		
安全生产	有无安全隐患	10		
操作过程	是否正确、熟练	30		
任务质量	是否圆满完成	10		
工具、设备使用	是否规范、标准	10		
工作页填写	是否完整、规范	15		
现场5S	是否做到	10		
总　　分		100		

注：没有按照操作流程操作，出现人身伤害或设备严重事故，本任务考核结果为0分。

表 7.3　任务过程反馈表（学生填写）

反馈内容	回答
你是否完成本学习任务，并得到老师的确认？	
你是否能准确有效地收集、分析和组织完成资料，正确地交流信息？	
你是否已经掌握预期的知识和必备的技能？	
你是否充分使用学习资源和按计划有组织地完成任务？	
操作完成水平： 　上述表格中的项目应为肯定回答。若不是，应咨询老师。你可以要求附加相关活动，以便完成相关的操作技能。 教师签字：＿＿＿＿＿＿＿＿＿＿＿＿＿＿＿＿＿＿＿ 学生签字：＿＿＿＿＿＿＿＿＿＿＿＿＿＿＿＿＿＿＿ 完成日期：＿＿＿＿＿＿＿＿＿＿＿＿＿＿＿＿＿＿＿	

四、学习拓展

有些车辆发动机罩下空间较小，或不能连续提供足够的真空，如柴油发动机车辆，没有进气歧管真空作真空源，涡轮增压发动机及高负载下运转的发动机等，容易导致真空过低。为了解决这些问题，有时会增加辅助真空泵，另一种方法则是用液压力代替真空作动力源。液压助力器通常有两种形式：用助力转向泵做动力源，装在制动踏板和主缸之间，其主要组成如图 7.22 所示，一个蓄压器提供储存压力并降低泵的运转时间，称为动力助力；或采用独立的液压动力源，装在制动主缸内，操作压力来自一个电动泵，由一个蓄压器提供储存压力并降低泵的运转时间，为液压助力。液压助力器装在与其真空助力器相同的位置，在制动踏板与主缸之间。它的作用同样也是放大驾驶员踩到踏板上的力。

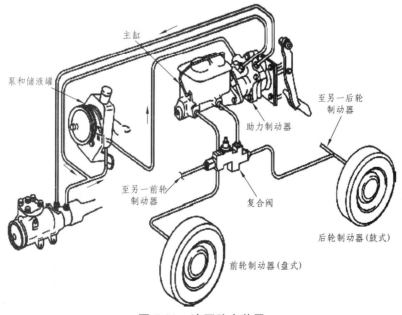

图 7.22　液压助力装置

学习任务八　悬架转向制动系统电控装置检修

任务描述

　　一辆丰田凯美瑞轿车累计行驶超过 10 万千米，近期在使用过程中不时出现方向沉重、制动距离变长、车身颠簸摇摆等故障现象。经维修站初步检查，该车常规制动系统和悬挂系统等均正常，故怀疑是空气悬架、电子助力转向和 ABS 等电控装置故障。需要进行检查与维修。

学习目标

通过本学习任务的学习，应当能：

1. 知道空气悬架、助力转向、防抱死制动系统的位置与组成；
2. 明确 EMS、EPS、ABS 的作用及工作原理；
3. 明确 EMS、EPS、ABS 的检查要点；
4. 通过小组分工协作，准确规范地检测 EMS、EPS、ABS。

建议学时

8 学时。

学习内容

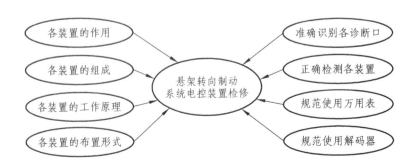

一、任务准备

引导问题 1：电控悬架的作用是什么？

电控悬架系统是以电控单元为控制核心，根据车身高度、转向盘转角、车速和制动等信号，经过运算分析后，输出控制信号，控制各种电磁阀和步进电动机，对汽车悬架参数，如弹簧刚度、减震器阻尼系数、倾斜刚度和车身高度等进行控制，从而提高汽车的乘坐舒适性和操纵稳定性的悬架系统，如图 8.1 所示。

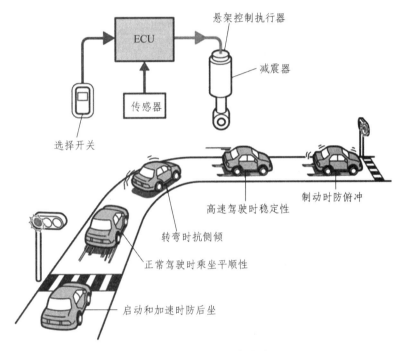

图 8.1　电控悬架系统的功能

引导问题 2：电控悬架由哪些组件组成？

电控悬架系统由传感器、电控单元（悬架 ECU）和执行器组成，如图 8.2 所示。

传感器的作用是将汽车行驶的速度、启动、加速度、转向、制动和路面状况、汽车震动状况、车身高度等信号输送给悬架 ECU。汽车悬架系统所用的传感器主要有：车身加速度传感器、车身高度传感器、车速传感器、转向盘转角传感器、节气门位置传感器等。

悬架 ECU 接收各种传感器的输入信号并进行各种运算，然后给执行器输出控制悬架的刚度、阻尼力和车身高度的信号。同时，悬架 ECU 还监测各传感器的信号是否正常，若发现故障，则存储故障码和相关参数，并点亮故障指示灯。

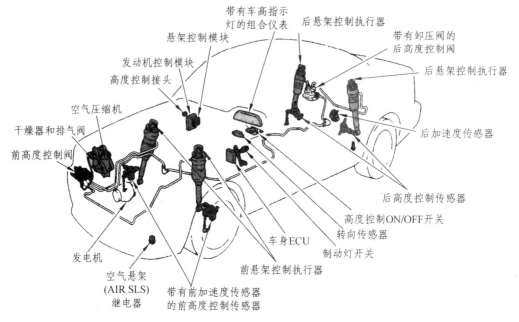

图 8.2　轿车电控悬架系统的组成

通常所用的执行元件是电磁阀、步进电动机等。当执行元件接收到悬架 ECU 的控制信号后，及时准确地动作，从而按照要求调节悬架的刚度、阻尼力和车身高度。

引导问题 3：空气悬架的组成及功用有哪些？

空气悬架由空气弹簧、减震器、空气管路和执行器组成，如图 8.3 所示。通过空气弹簧可实现悬架刚度的调节，通过减震器可实现悬架阻尼的调节。

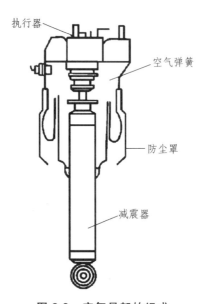

图 8.3　空气悬架的组成

1. 空气弹簧

空气弹簧是利用空气被压缩时产生的弹性来工作的，如图 8.4 所示。它安装于阻尼调节减震器的上端，与阻尼调节减震器一起构成悬架支柱，上端与车架连接，下端装在悬架摆臂上。

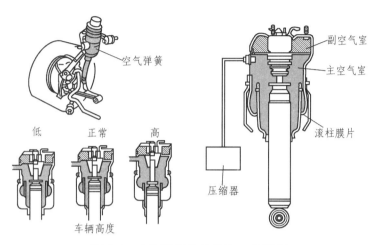

图 8.4　空气弹簧的结构和工作原理

2. 减震器

电控空气悬架系统阻尼力的调节是通过改变减震器阻尼孔截面面积的大小来实现的。减震器阻尼调节杆与回转阀连接，回转阀上有三个孔，悬架 ECU 通过控制执行器驱动阻尼调节杆转动，就可使回转阀转动，从而控制三个阻尼孔的开闭，改变减震器内油路流通的截面面积，实现对减震器阻尼能力高、中、低三种状态的调节，如图 8.5 所示。

3. 悬架控制执行器

悬架控制执行器位于各减震器的顶部，通过输出轴转动减震器回转阀来改变减震器的阻尼力。回转阀（输出轴）旋转角度是由悬架 ECU 的信号控制的，其结构如图 8.6 所示。

图 8.5　减震器

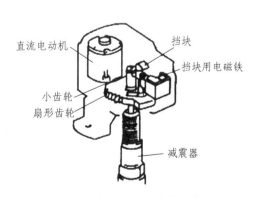

图 8.6　悬架控制执行器的结构

引导问题4：电控悬架各元件在车身上是如何布置的？

1. 车身高度传感器

车身高度传感器的作用是把车身与车桥之间的相对位置变化量转化为电信号送给悬架ECU，车身高度传感器的一端与车桥连接，另一端在悬架系统上，如图8.7所示。

2. 转向盘转角传感器

转向盘转角传感器安装在转向柱上，检测转向盘的转角信号，包括转向盘位置和转向盘转向速度，如图8.8所示。现大多采用光电式转向盘转角传感器。

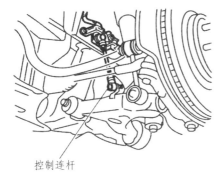

图 8.7　车身高度传感器的安装位置

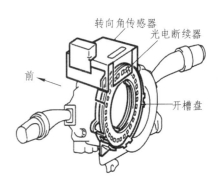

图 8.8　转向盘转角传感器

3. 车速传感器

悬架ECU可从车速传感器、各种其他ECU或多路传输系统接收车速信号，用于系统的各种控制功能。车速传感器一般位于变速器输出轴上，如图8.9所示。

4. 加速度传感器

前加速度传感器和前高度控制传感器结合在一起，后加速度传感器安装在行李箱里。加速器传感器把压电陶瓷盘的挤压变形转变成电信号并且检测车辆竖向加速度。加速度传感器结构如图8.10所示。

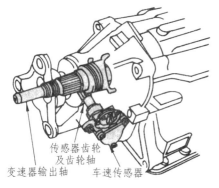

图 8.9　车速传感器的安装位置

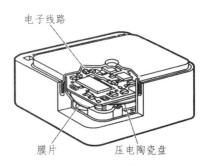

图 8.10　加速度传感器

5. 悬架控制开关信号

悬架控制开关包括悬架刚度和阻尼选择（LRC）开关、车高控制开关和锁止开关（高度控制 ON/OFF），前两个开关一般安装在驾驶室内变速器控制杆旁边（见图 8.11），锁止开关一般安装在后备箱内（见图 8.12）。

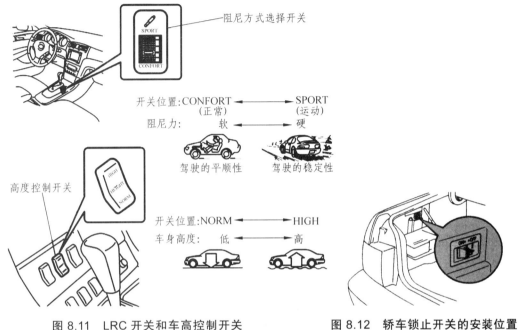

图 8.11　LRC 开关和车高控制开关　　　图 8.12　轿车锁止开关的安装位置

引导问题 5：什么是电子助力转向系统？

电动助力转向系统（EPS）通常是在机械式转向系统的基础上加装转向转矩传感器、车速传感器、电子控制单元（ECU）、直流电机等装置，其组成如图 8.13 所示。

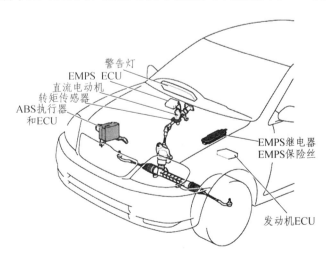

图 8.13　电动助力转向系统（EPS）的组成

电动助力转向系统（EPS）以直流电动机作为助力源，电子控制单元根据车速和转向参数控制电动机通电电流强度，调节加力电动机工作力矩，进而控制转向助力强度。

电动助力转向系统（EPS）的助力作用受电脑控制，在低速转向时的助力作用最强，随着车速的升高助力作用逐渐减弱；当车速达到 42～52 km/h 时，电脑停止向电动机供电，并使电磁离合器分离，转向变为完全由驾驶员人力操纵。

由此看出，电动助力转向系统（EPS）在低速转向时，可获得比较轻便的转向特性；而在高速转向时，则可获得完全的转向"路感"，具有优越的控制特性。

电动助力转向系统（EPS）各部分主要元件的作用如下：

1. 转向柱

在转向柱上装有 1 个直流电机和转矩传感器，如图 8.14 所示。

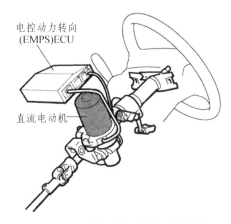

图 8.14　直流电机和转矩传感器

（1）转矩传感器。

转矩传感器的作用是检测扭力杆的扭转，计算出施加于扭力杆上的转矩，并转化成电信号，输出到 EPS 的 ECU。其结构如图 8.15 所示。

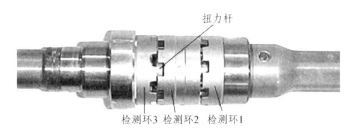

图 8.15　转矩传感器

转矩传感器由三个检测环、一个扭力杆和检测线圈、修正线圈组成，检测线圈和修正线圈与检测环不接触。其结构如图 8.16、图 8.17 所示。

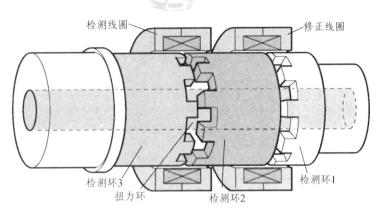

图 8.16　转矩传感器结构 A

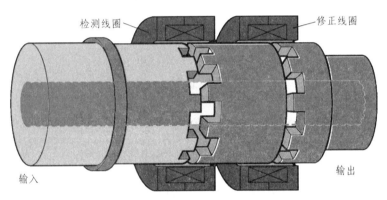

图 8.17　转矩传感器结构 B

当驾驶员向右或向左打转向盘时，转向柱扭力杆上的转矩使检测环 2 和检测环 3 之间产生相对位移，把转向的信号送给 ECU。

（2）直流电动机。

直流电动机结构如图 8.18 所示。其作用是根据 EPS 的 ECU 信号产生转向助力，其工作控制电路如图 8.19 所示。

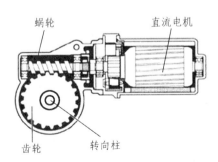

图 8.18　直流电动机结构

EPS 的 ECU 根据车速信号、发动机转速信号、转向盘扭转信号、温度信号进行分析判断后，通过控制电路控制电动机来实现转向助力。

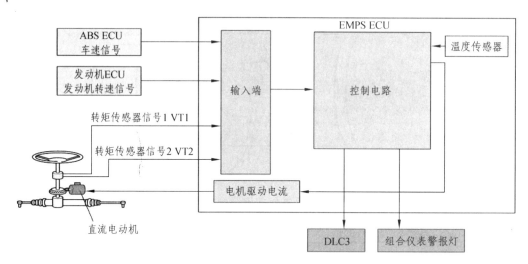

图 8.19　电动机控制电路

2. 电磁离合器

电动助力转向系统（EPS）多采用单片干式电磁离合器，其结构与工作原理与空调电磁离合器相似，如图 8.20 所示。

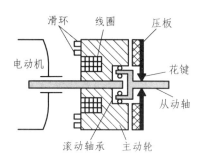

图 8.20　电磁离合器结构

当电流经滑环流入主动轮电磁线圈时，产生电磁力吸动从动轴上的压板压紧在主动轮上，靠摩擦力传递扭矩。

电动助力转向系统（EPS）电磁离合器线圈的电流和电动机电流同时受电脑控制，当车速达到 45 km/h 左右时，即不需要转向助力。这时，电脑就停止电动机工作，并断开电磁离合器线圈电流，使离合器处于分离状态，以免电动机较大的转动惯性影响系统工作。

另外，当系统发生故障致使电动机不能工作时，离合器也将自动分离，以利于进行人力转向。

3. 电子控制单元

根据车速信号和发动机转速信号等不同传感器信号，驱动转向柱上的直流电机，提供转向助力。

引导问题 6：什么是 ABS？

防抱死制动系统（Anti-lock Braking System，ABS）可以在汽车制动时，自动控制车轮在旋转方向上的滑移程度，以免车轮在制动过程中抱死拖滑。

ABS 的作用有：① 缩短制动距离；② 使车辆操控性提高；③ 延长轮胎使用寿命；④ 降低驾驶员劳动强度。

引导问题 7：ABS 的结构和工作原理是什么？

（1）ABS 是在普通制动系统的基础上增加了传感器、ABS 执行机构和 ABS 电控单元三部分，如图 8.21 所示。

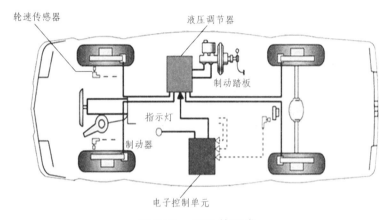

图 8.21 ABS 的组成

（2）ABS 的工作原理如图 8.22 所示。传感器识别车辆的运行状况，并将它转变为电信号传送给 ABS 电控单元；ABS 电控单元接收并判断由传感器送来的数据信号，决定 ABS 是否应介入制动压力调节的工作，再向 ABS 执行机构发出指令；ABS 执行机构根据这个信号，调节制动器制动压力的大小。

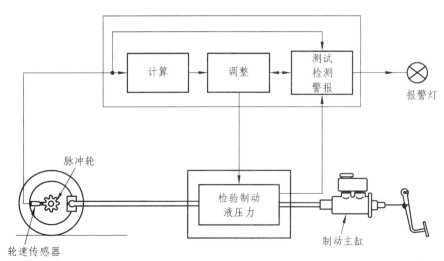

图 8.22 ABS 的工作原理

（3）ABS 控制系统在车身上的布置位置如图 8.23 ~ 8.25 所示。

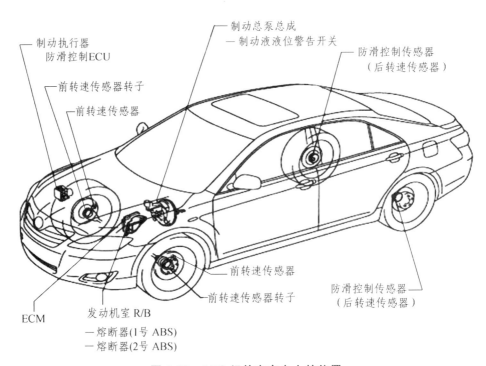

图 8.23　ABS 组件在车身上的位置

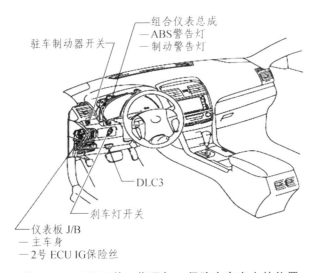

图 8.24　ABS 开关、指示灯、保险在车身上的位置

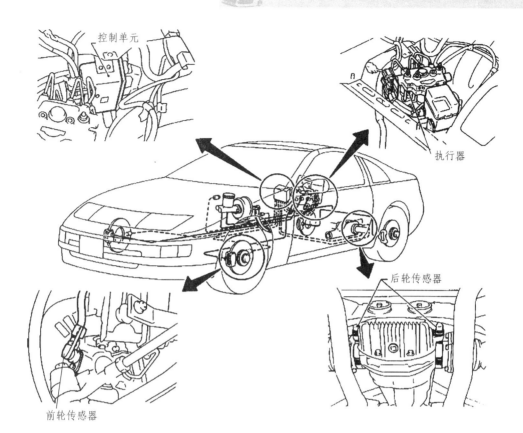

控制单元

执行器

后轮传感器

前轮传感器

图 8.25　ABS 各组成部分在车身上的位置

（4）ABS 各零部件及其功能。

ABS 各零部件名称及功能见表 8.1。

表 8.1　ABS 零部件名称及其功能

部　　件	功　　能
轮速传感器	检测车轮转动速度
ABS 控制单元	接收来自车轮转速传感器的信号并通过控制执行器控制制动液压力
ABS 警告灯	当失效-安全功能激活以警告驾驶员防抱死制动系统关闭不工作时点亮
执行器	接收控制单元的信号，并控制不同的电磁阀以增加减小或保持制动液压力

①　轮速传感器。

轮速传感器由传感器和转子组成，传感器包括产生磁力线的电磁铁以及圆周上具有轮齿或锯齿的转子。随着转子转动，转动的齿切割磁力线，所以产生对应转速的交替变化的感应电动势，传感器将这种交替变化的感应电动势转变为正弦波电压信号，然后发送到控制单元，如图 8.26 所示。

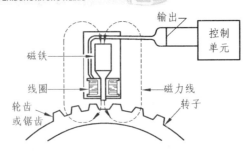

图 8.26　轮速传感器

② ABS 控制单元。

控制单元接收来自各个轮速传感器的信号、计算轮速等，并将信号发送给分泵中控制减小增大和保持制动液压力的执行器，所以车轮不会抱死。控制单元具有失效-安全功能，所以，当它不能工作时制动系统自动按照常规制动系统工作。其处理模式如图 8.27 所示。

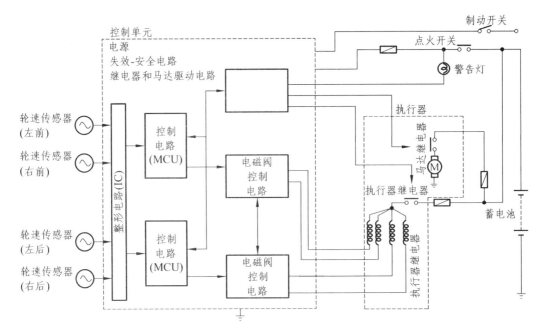

图 8.27　ABS 控制单元处理示意图

③ G 传感器。

G 传感器感应制动过程中的减速度以确定车辆是在高速道路（沥青路等）还是在低速道路（积雪路等）上行驶，然后它将信号发送给 ABS 控制单元。当受到磁场影响时，簧片开关打开，在突然减速（如在高速道路上制动）过程中，重块移动重块中的磁铁离开簧片开关，磁场消失，簧片开关关闭，如图 8.28 所示。

④ 失效-安全电路。

该电路监视传感器电磁阀和 ABS 控制单元的工作情况。如果出现任何单元或系统故障，电路将停止所有电磁阀和马达的操作。这使电控制动系统按照常规制动系统工作。仪表板中的警告灯也将亮起。ABS 警告灯如果在系统中检测到任何电气故障，则警告灯点亮，然后ABS 停用，车辆制动系统返回常规操作。

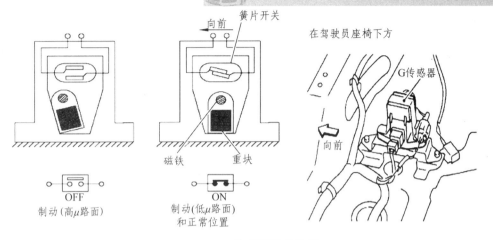

向前　　簧片开关

在驾驶员座椅下方

G传感器

向前

磁铁　　重块

OFF

制动(高μ路面)

ON

制动(低μ路面)
和正常位置

图 8.28　G 传感器及其位置

二、任务实施

引导问题 8：完成本任务，需要使用的主要工具有哪些？

（1）汽车故障诊断仪，如图 8.29（a）所示。
（2）万用表，如图 8.29（b）所示。
（3）扭力表、直尺。
（3）举升机、丰田卡罗拉轿车及维修手册。
（4）常用拆装工具及导线若干。

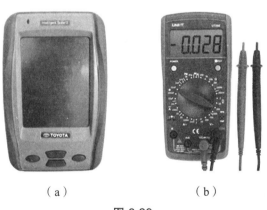

（a）　　　　　　　　　（b）

图 8.29

引导问题 9：检测各系统时需要注意哪些事项？

1. 检测电控悬架时的注意事项

（1）维修过程中若断开蓄电池，将会丢失悬架 ECU 中存储的信息。

（2）在吊起、支起或拖动汽车之前，应该将悬架控制开关置于"OFF"位置或断开蓄电池负极。

（3）当点火开关在打开状态下，不要拆卸或安装悬架 ECU 及其电子插头。

（4）如果汽车生产厂的维修手册没有指明，就不要将系统的任何电路或元件加电压或接地。

（5）如果汽车装有安全气囊系统，在维修电控悬架前，应先将安全气囊系统断开，否则可能造成人身伤害或财产损失。

（6）在控制系统的检测中，必须用生产厂在维修手册中提到的检测工具，否则可能损坏控制系统的零部件。

2. 检测 EPS 时的注意事项

（1）检测 EPS 前一定要将车轮转到正中间位置。

（2）不要撞击到 ECU 和传感器。

（3）不要将电气元件暴露在高温或潮湿环境中。

（4）不要碰撞连接器端子，以防止变形或因静电造成故障。

（5）转向盘未回正时，不要将点火开关置于 ON（IG）位置。

3. 检测 ABS 时的注意事项

（1）如果 ABS 警告灯和制动警告灯不亮，但制动效果仍不理想，则可能是系统放气不干净或在常规的制动系中存在故障。

（2）维修 ABS 前，应先读取故障代码，以确定故障原因。如装上新的液压控制单元，应检查其编码。

（3）拔下 ABS 插头之前，必须关闭点火开关。

（4）开始修理前，应关闭点火开关，查取收录机防盗码，并断开蓄电池搭铁线。

引导问题 10：如何对电控悬架进行检测和调整？

1. 汽车高度的检查和调整

（1）汽车高度的检查步骤为：

① 将 LRC 开关转到 NORM 位置。

② 使汽车上下跳振几次，以使悬架处于稳定状态。

③ 朝前和朝后推动汽车，以使轮胎处于稳定状态。

④ 将换挡杆放在 N 挡，堵住车辆不让其滚动，然后松开驻车制动器。

⑤ 启动发动机，将高度控制开关转到 HIGH 位置，在汽车高度升高的状态下等待 1 min 后，将高度控制开关转到 NORM 位置以使汽车下降。在这种状态下等待 50 s 后，再重复一次上述操作。

⑥ 测量汽车高度，前部应该是 249 mm ± 10 mm；后部应该是 231.5 mm ± 10 mm；左右误差应该在 10 mm 以下；汽车前部高度与后部高度之差应该在 17.5 mm ± 15 mm 之内。

（2）汽车高度的调整步骤为：

① 拧松高度控制传感器连接杆上的两个锁紧螺母（见图8.30）。

② 转动高度控制传感器连接杆的螺栓以调节长度（高度控制传感器连接杆每转一圈能使汽车高度改变大约4 mm）。

③ 检查如图8.30所示的高度控制传感器连接杆的尺寸是否小于极限值，即前部8 mm，后部11 mm。

④ 暂时拧紧2个锁紧螺母。

⑤ 再检查一次汽车高度。

⑥ 拧紧锁紧螺母。

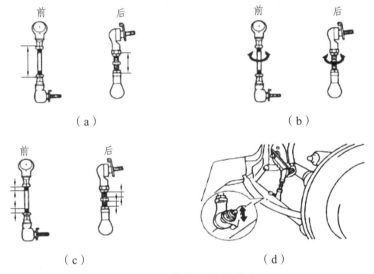

（a）　　　　　　　　　　　　（b）

（c）　　　　　　　　　　　　（d）

图 8.30　汽车高度的检查

（3）汽车高度调整功能的检查（见图8.31）：

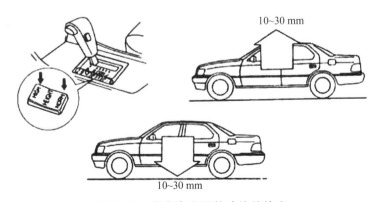

图 8.31　汽车高度调整功能的检查

① 检查轮胎充气是否正确。

② 检查汽车高度。

③ 启动发动机，将高度控制开关从NORM位置转换到HIGH位置，检查完成高度调整

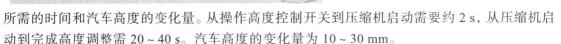

所需的时间和汽车高度的变化量。从操作高度控制开关到压缩机启动需要约 2 s，从压缩机启动到完成高度调整需 20 ~ 40 s。汽车高度的变化量为 10 ~ 30 mm。

④ 在汽车处于 HIGH 高度调整的状态下，启动发动机并将高度控制开关从 HIGH 位置切换到 NORM 位置。检查完成高度调整所需的时间和汽车高度变化量，从操作高度控制开关到压缩机启动需要约 2 s，从压缩机启动到完成高度调整需 20 ~ 40 s。汽车高度的变化量为 10 ~ 30 mm。

2. 溢流阀的检查

迫使压缩机工作，检查溢流阀动作，如图 8.32 所示，具体步骤为：

（1）点火开关转到 ON 并将高度控制连接器的端子 1 与端子 7 连接，以迫使压缩机工作。

（2）等压缩机工作一段时间后，检查溢流阀是否放气。

（3）将点火开关转到 OFF 位置。

（4）清除故障代码。

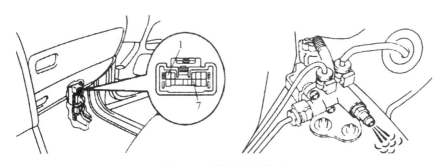

图 8.32　溢流阀的检查

3. 漏气检查

将高度控制开关拨到 HIGH 位置，使汽车高度上升；关闭发动机；在空气软管和软管接头处涂肥皂水检查是否漏气，如图 8.33 所示。

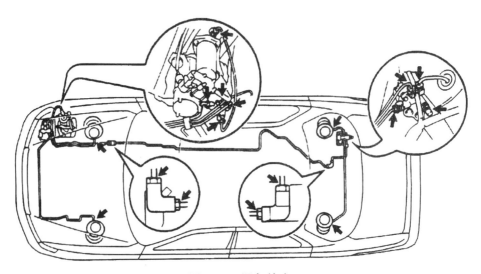

图 8.33　漏气检查

引导问题 11：如何检测电控悬架的传感器？

电控悬架各传感器的检测方法见表 8.2。

表 8.2　传感器的检测

传感器	图　示	步　骤
前车身高度传感器	（图示）	1. 将端子 2 与正极相连，端子 3 与负极相连； 2. 将控制杆缓慢上下移动，同时检测端子 1 与 3 之间电压 表格见下
后车身高度传感器	（图示）	1. 将端子 3 与正极相连，端子 1 与负极相连； 2. 将控制杆缓慢上下移动，同时检测端子 2 与 3 之间电压 表格见下
前加速度传感器	（图示）	1. 将端子 2 与正极相连，端子 3 与负极相连； 2. 使传感器上下振动，同时检测端子 4 与 3 之间电压； 3. 静止时 6.2 V；振动时 1～11.2 V 为正常

前车身高度传感器电压表：

位置	电压
高	6.2～11.2 V
正常	6.2 V
低	1～6.2 V

后车身高度传感器电压表：

位置	电压
高	6.2～11.2 V
正常	6.2 V
低	1～6.2 V

续表 8.2

传感器	图　示	步　骤
后加速度传感器		1. 将端子 1 与正极相连，端子 2 与负极相连； 2. 使传感器上下振动，同时检测端子 2 与 3 之间电压； 3. 静止时 6.2 V；振动时 1～11.2 V 为正常
转向盘转角传感器	转向传感器	1. 将端子 1 与正极相连，端子 2 与负极相连； 2. 分别检测 7、8 与 2 之间的电压； 3. 正常：0～∞ 之间变化
高度控制开关		1. 断开高度控制开关连接器； 2. 将高度控制开关分别按在 "NORM" 和 "HIGH" 位置，测量 5、6 之间电压； 3. 正常："NORM" 为 ∞（开路），"HIGH" 为 0（断开）

引导问题 12：如何检测 EPS？

1. 基本情况检查

（1）蓄电池电压 11～14 V。

（2）轮胎气压正常，方向打正，车轮朝向正前方。

（3）驻车制动行程合适，各车轮转动正常，各制动器正常。

（4）警示灯检查：正常情况下，将点火开关转到 ON 位置，PS 警告灯会点亮约 3 s 后熄灭。电子助力转向出现故障时，PS 警告灯会点亮。

2. 故障代码（DTC）读取和数据检查

自检：将点火开关转到 ON 时，组合仪表上的 "P/S" 警示灯亮起，若系统正常，约 6 s 后熄灭。否则警示灯将持续点亮。

当动力转向系统出现故障时，组合仪表上的 "P/S" 警示灯亮起，以告知驾驶员出现故障。

（1）读取 DTC。

① 将点火开关转到 OFF；

② 将诊断仪连接到 DLC3 上；

③ 将点火开关转到 ON 位，并打开诊断仪；

④ 按照诊断仪上的提示读取 DTC。

记录：DTC 读取路径＿＿＿＿＿＿＿＿＿＿＿＿＿＿＿＿＿＿＿＿＿＿＿＿＿＿＿＿

记录 DTC 数量和代码（内容）在表 8.3 中。

表 8.3　DTC 记录表

序号	代码	内容	备注

（2）数据列表。

用诊断仪读取数据列表，可以在不拆卸任何零部件的情况下，读取开关、传感器、执行器和其他项目的数值或状态信息。

① 将点火开关转到 OFF；

② 将诊断仪连接到 DLC3 上；

③ 将点火开关转到 ON；

④ 打开诊断仪；

⑤ 进入菜单，根据诊断仪的显示读取数据列表。

记录：数据列表路径＿＿＿＿＿＿＿＿＿＿＿＿＿＿＿＿＿＿＿＿＿＿＿＿＿＿＿＿

记录数据在表 8.4 中。

表 8.4　数据列表

诊断仪显示序号	测量项目/范围	正常条件	诊断附注

（3）检查扭矩传感器。

使用万用表直流电压挡，在转向盘不动、向左转向、向右转向三种情况下，分别检查两个传感器信号电压。

检查结果记录在表 8.5 中。

表 8.5　检查记录

	状态	规定条件	测量值	判断
传感器 1#	SW ON，转向盘不动	2.3 ～ 2.7 V		
	SW ON，转向盘向右	2.5 ～ 4.7 V		
	SW ON，转向盘向左	0.3 ～ 2.5 V		
传感器 2#	SW ON，转向盘不动	2.3 ～ 2.7 V		
	SW ON，转向盘向右	2.5 ～ 4.7 V		
	SW ON，转向盘向左	0.3 ～ 2.5 V		

以上测试时车速均为 0。

（4）清除 DTC。

方法与读取 DTC 大致相同，差别在于选择清除 DTC 而非读取 DTC。

引导问题 13：如何检修 ABS？

1. 初步检查

初步检查是在 ABS 出现明显故障而不能正常工作时首先采取的检查方法，例如，ABS 故障指示灯亮着不熄，系统不能工作。检查方法如下：

（1）检验驻车制动是否完全释放。

（2）检查制动液液面是否在规定的范围之内。

（3）检查 ABS 电控单元导线插头、插座的连接是否良好，连接器及导线是否损坏。

（4）检查导线连接器（插头与插座）和导线的连接或接触是否良好。

（5）检查所有的继电器、熔丝是否完好，插接是否牢固。

（6）检查蓄电池容量和电压是否在规定的范围内；检查蓄电池正、负极导线的连接是否牢靠，连接处是否清洁。

（7）检查 ABS 电控单元、液压控制装置等搭铁端的接触是否良好。

2. 故障码的读取与清除

（1）选用专用解码器 KT600，连接到试教板诊断座上，并开机，选择汽车诊断，如图 8.34 所示。

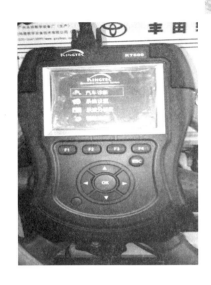

图 8.34

（2）选择车系车型，如图 8.35 所示。

图 8.35

（3）选择诊断接口 PIN16，如图 8.36 所示。

图 8.36

（4）选择"故障测试——防抱死制动/车辆稳定控制系统"选项，如图8.37所示。

图8.37

（5）读取故障码，如图8.38所示。

图8.38

（6）清除故障码，如图8.39所示。

图8.39

3. 检测各元器件端电压

（1）使用数字式万用表检测马达继电器电源电压，如图 8.40 所示。规定值：10 ~ 14 V。

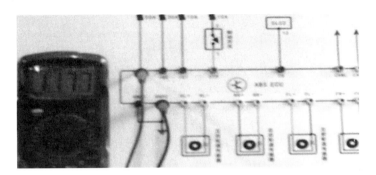

图 8.40

（2）使用数字式万用表检测电磁阀电源电压，如图 8.41 所示。规定值：10 ~ 14 V。

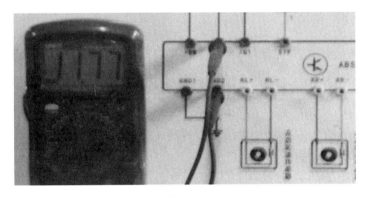

图 8.41

（3）使用数字式万用表检测 ECU 电源电压，如图 8.42 所示。规定值：10 ~ 14 V。

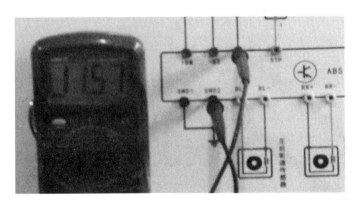

图 8.42

（4）使用数字式万用表检测制动开关输入电源电压，如图 8.43 所示。规定值：踩下制动踏板，8 ~ 14 V；松开制动踏板，小于 3 V。

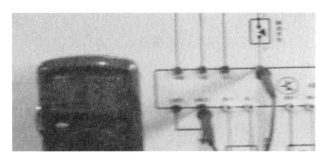

图 8.43

（5）使用数字式万用表检测各轮速传感器，如图 8.44 所示。

图 8.44

三、评价与反馈

1. 任务实施考核成绩评定（见表 8.6）

表 8.6　悬挂转向制动系统电控装置检修考核表

考核项目及分值	考核内容	评分标准	评分记录
准备工作 10 分	清洁工量具及其工作台	1. 未清洁工具扣 1 分； 2. 未清洁操作平台扣 1 分	
电控悬架检测 20 分	电控悬架的检测与调整； 传感器的检测	1. 漏项一处，扣 5 分； 2. 错误一处，扣 2 分	
EPS 检测 20 分	元器件的检测； 系统的诊断与检测	1. 漏项一处，扣 5 分； 2. 错误一处，扣 2 分	
ABS 检测 20 分	元器件的检测； 系统的诊断与检测	1. 漏项一处，扣 5 分； 2. 错误一处，扣 2 分	
设备的正确使用 10 分	数字式万用表的使用； 专用解码器的使用	1. 错误使用，扣 2 分； 2. 不会使用，扣 5 分	
收尾工作 10 分	清洁工具、工作平台； 工具应摆放整齐	1. 未清洁扣 1~3 分； 2. 未摆放整齐扣 1 分	
考核时限 10 分	完成全部考核内容规定用时为 20 分钟	1. 超时每分钟扣 5 分； 2. 超时 5 分钟即停止记分	

2. 任务过程评价与反馈（见表8.7和表8.8）

表8.7 任务过程评价表（教师填写）

考核项目	评分标准	分数	成绩	过程评价
劳动纪律	有无迟到、早退和旷工	5		
团队合作	是否和谐	5		
活动参与	是否精彩	5		
安全生产	有无安全隐患	10		
操作过程	是否正确、熟练	30		
任务质量	是否圆满完成	10		
工具、设备使用	是否规范、标准	10		
工作页填写	是否完整、规范	15		
现场5S	是否做到	10		
总 分		100		

注：没有按照操作流程操作，出现人身伤害或设备严重事故，本任务考核结果为0分。

表8.8 任务过程反馈表（学生填写）

反馈内容	回答
你是否完成本学习任务，并得到老师的确认？	
你是否能准确有效地收集、分析和组织完成资料，正确地交流信息？	
你是否已经掌握预期的知识和必备的技能？	
你是否充分使用学习资源和按计划有组织地完成任务？	
操作完成水平： 上述表格中的项目应为肯定回答。若不是，应咨询老师。你可以要求附加相关活动，以便完成相关的操作技能。 教师签字：_____ 学生签字：_____ 完成日期：_____	

四、学习拓展

空气弹簧的安装步骤如图8.45所示。安装一个新的空气弹簧时，在没有给空气弹簧充气前，不能让悬架承受负载，在将空气弹簧充气到恰当位置后，还要保证其外形正常。

不要转动弹簧膜片,将空气弹簧放在虎钳上,不要夹活塞的任何部位

步骤1

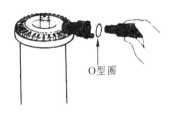

O型圈

取下电磁阀让膜片胀起,然后再装上电磁阀以截止空气

步骤2

挤压空气弹簧,增加压力并向下推

向下压同时旋转空气弹簧,使它开始折皱

步骤3

释放空气对膜片向下用力,直到达到正确的尺寸(如图中使 L 值为50.8 mm)

保持位置,直到空气被放出

L

2″(50.8 mm)

步骤4

图 8.45 空气弹簧的安装

参考文献

[1] 陈家瑞. 汽车构造[M]. 5 版. 北京：人民交通出版社，2008.

[2] 钟声. 汽车底盘维修[M]. 2 版. 北京：人民交通出版社，2013.

[3] 屠卫星. 汽车底盘构造与维修[M]. 北京：人民交通出版社，2001.

[4] 丰田汽车公司. 汽车维修教程[M]. 北京：高等教育出版社，2008.

[5] 赵良红. 汽车底盘电控[M]. 北京：机械工业出版社，2002.